Richtig schöne Muskeln

Heike Schönegge

Richtig schöne Muskeln

Gezieltes Bodystyling für Schönheit und Fitness

SÜDWEST

Inhalt

Muskeln & more 8

Sport macht fit – in jedem Alter 8

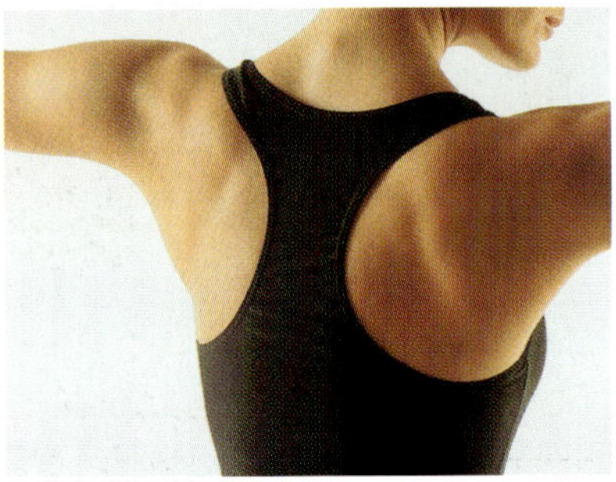

Der Traum vom Idealkörper – Muskeltraining macht's möglich.

Körperkraft ist Lebenskraft 10

Was Muskeltraining bewirken kann . . . 11

Länger jung bleiben 11

Muskeln – acht Märchen und Mythen 12

Motivationshilfen zum Start und fürs Durchhalten 16

Eine kritische Bestandsaufnahme 18

So bestimmen Sie Ihren Körpertyp 19

Die drei Typen der Konstitution 19

Welche Sportart zu welchem Typ passt 20

Testen Sie Ihren Fitnesslevel 25

Fit oder fett 36

Freeclimbing – der Aktivsport!

Das Training an und mit Geräten 38

Erst mal aufwärmen 39

So kommen Sie auf Betriebstemperatur 39

So machen Sie im Studio eine gute Figur 42

Die Übungen 43

So bauen Sie das Training richtig auf 43

Der Zugturm – für Fortgeschrittene 57

Für Profis – Powertraining mit Hanteln 64

Training im Studio und zu Hause 84

Fitnessstudios unter der Lupe 85

Das sollten Sie vor der Anmeldung beachten 85

So werden Sie zu Hause fit 89

Die Ausrüstung für Ihr Heimstudio 89

Für Oberkörper, Beine, Po: Fühlen Sie sich rundum wohl.

Fit auf Reisen und im Job 102

Unterwegs in Topform 103

Workout für Autofahrer 103

Entspannter ankommen mit Bahn und Flieger 108

Belastbarer werden im Berufsleben 109

Karrierefaktor Fitness 109

Die Bandscheiben und Wirbel schonen 111

Workout für den Arbeitsplatz 113

Stretchingpausen unterwegs halten Sie fit und wach.

Cool-down und Regeneration ... 118

Dem Muskelkater keine Chance geben ... 119

Risiken für den Bewegungsapparat ... 119

Erst abwärmen – dann Stretching ... 123

Zeit für Regeneration und Entspannung ... 132

Training und Ernährung ... 134

Essen Sie sich schlank und stark ... 135

Der Mix macht's ... 135

Den Durst löschen – aber auf gesunde Art ... 142

Die wichtigsten Biostoffe für Ihren Körper ... 144

Das Dehnen nach den Übungen ist für Ihre Muskeln so wichtig wie das Krafttraining selbst.

Besser aussehen – Tipps und Tricks ... 148

Sanfte Pflege von Kopf bis Fuß ... 149

So bringen Sie die Haut zum Strahlen ... 149

Sonne mit Wonne – Rösten macht alt ... 154

Schönes Haar ... 156

Unverzichtbar fürs Home-Equipment: So trainieren Sie auch zu Hause effektiv.

Ob lang oder kurz, leicht oder schwer: Hanteln sind für Trainingsgeübte!

Schnelle Tipps für eine gute Figur 157

Ein Vorzeigebauch statt schlaffer Wampe 157

Am liebsten lang und schlank – attraktive Beine 161

Rund und knackig – Tipps für einen sexy Po 165

Starke Tipps für Schmächtige 168

Literatur 170

Über dieses Buch 171

Register 172

Liegestütze kommen nie aus der Mode – und zeigen, wie gut trainiert Sie wirklich sind.

Muskeln & more

Noch nie war die Sportbegeisterung der Deutschen so groß wie heute: Etwa 4,3 Millionen Männer und Frauen besuchen mittlerweile regelmäßig ein Fitnessstudio; 1980 waren es nur rund 300 000. Doch im Gegensatz zum Sportspaß im Verein hat das Training im Studio einen großen Vorteil: Ein regelmäßig ausgeführtes, individuell abgestimmtes Krafttraining wirkt sich positiv auf den gesamten menschlichen Organismus aus. Es lässt Sie beispielsweise im (Berufs-)Alltag besser da- und diesen leichter durchstehen. Denn schließlich sorgt eine gezielt gestärkte Rücken- und Brustmuskulatur für eine gesunde und aufrechte Haltung. Wer sein Muskelkorsett regelmäßig fordert, schützt die Wirbelsäule vor Verschleiß und Dysbalancen.

Bewegung hält die Knochen jung: Besonders Übungen, bei denen gegen die Schwerkraft trainiert wird, verhindern den Verlust von Knochenmasse im höheren Alter. Starke Muskeln bedeuten auch gekräftigte Knochen.

Sport macht fit – in jedem Alter

Die Muskelmasse macht etwa 45 Prozent des Körpergewichts aus. Rund 500 Muskeln halten das Skelett in Form und sorgen für Bewegung. Zahlreiche Studien aus Europa und den USA belegen: Ab dem 30. Lebensjahr verliert der Körper pro Lebensjahrzehnt rund drei Kilogramm Muskelmasse. Statistisch gesehen ist die Hälfte der Muskelsubstanz eines 20-Jährigen im Alter von 80 Jahren verschwunden. Es lohnt sich daher für Nichtsportler, sogar im Seniorenalter noch mit einem Krafttraining zu beginnen. Eine Studie mit älteren Menschen ab 87 Jahren aufwärts brachte den Probanden nach acht Wochen im Durchschnitt 175 Prozent mehr Muskelmasse. Außerdem wirkt sportliche Betätigung auch dem gefährlichen Abbau von Knochensubstanz (Osteoporose) entgegen.

Bewegungsarme Menschen haben dagegen zusätzlich zum Abbau der Körperkraft noch ein Problem: Sie setzen auch leichter Fett an. Ein Teufelskreis, denn wenn die Fettzellen sich erst einmal breit gemacht haben, ist es umso schwerer, sie mit fortschreitendem Alter durch Sport wieder loszuwerden. Übergewicht bis hin zur Fettleibigkeit (Adipositas),

Diabetes mellitus, Arteriosklerose, Schlaganfall, Herz-Kreislauf-Erkrankungen und sogar psychische Defekte wie die Altersdepression sind die gefährlichen Folgen.Wer Sport treibt, tut aber nicht nur seinem Bewegungsapparat etwas Gutes. Er senkt außerdem nachweislich:

- Das Risiko, an Brustkrebs zu erkranken (37 bis 72 Prozent)
- Die Wahrscheinlichkeit, einen Herzinfarkt oder Schlaganfall zu erleiden (50 Prozent)
- Die Gefahr einer Darmkrebserkrankung (rund 17 Prozent)
- Hohen Blutdruck (um 50 Prozent)
- Das Gesamtsterblichkeitsrisiko um 30 Prozent

Besonders Ausdauersportarten wie Radfahren, Laufen und Schwimmen sind bei Bluthochdruck geeignet. Je mehr die gesamte Muskelmasse beim Sport eingesetzt wird, desto günstiger ist die Sportart.

Trainingsprogramme für jeden Zweck

Ich möchte Ihnen etwas Gutes tun. Ich möchte, dass Sie etwas für sich schaffen, was Sie sich vielleicht schon lange vorgenommen haben. Ein bisschen fitter werden. Etwas für die Figur tun. Kraftvoller den Alltag bewältigen. Oder gar den Muskelaufbau intensiver vorantreiben. All das können Sie mit den Trainingsempfehlungen und Bewegungsprogrammen, die ich Ihnen in diesem Buch vorstelle, erreichen. Ganz egal, ob es Ihnen lediglich um eine bessere Figur oder um eine umfassende Fitness geht. Sie können die Workouts dieses Buchs als Kalorienkiller zur Fettreduktion oder als schonendes Training zur Erhaltung Ihrer Vitalität anwenden.

So kommen Sie zum Ziel

Ich möchte Ihnen zeigen, wie Sie die Ziele, die Sie sich selbst gestellt haben, am besten erreichen. Ob Sie mit meinem Buch »Richtig schöne Muskeln« nun die begehrte Waschbrettoptik anstreben und Bizepsberge wachsen lassen möchten oder einfach ein bisschen (selbst-)bewusster und vitaler durch Ihr Leben gehen wollen: Sie werden von mir an die Hand genommen und zu Ihrem persönlichen Programm geführt. Und Sie werden feststellen, dass Sie, sobald Sie beginnen, die Programme dieses Buchs umzusetzen, sich von Tag zu Tag immer besser fühlen. Für mich war Körpertraining eine wichtige Erfahrung, die ich nicht missen möchte. Und diese Erfahrung möchte ich Ihnen gern vermitteln.

Heike Schönegge

Körperkraft ist Lebenskraft

Was Muskeltraining bewirken kann

Länger jung bleiben

Wissenschaftler haben in zahlreichen Studien bewiesen, dass Sport wie ein Jungbrunnen wirkt: Er kann dem Leben Jahre und den Jahren Lebensqualität hinzufügen.
So zeigte eine Untersuchung der US-amerikanischen Tufts-Universität, dass Frauen über 40, die ein regelmäßiges Kraft- und Muskelaufbautraining absolvierten, ihren 15 bis 20 Jahre jüngeren Töchtern körperlich in nichts nachstanden.
Doch das richtige Workout kann nicht nur Ihren Körper, sondern auch Ihre gesamte Lebenseinstellung verändern. Denn über eine durch Krafttraining verbesserte Figur und Körperhaltung gewinnen viele Menschen an Vitalität und Selbstsicherheit.

Sportliche Betätigung kann auch bei depressiven Verstimmungen helfen. Ein moderates Training verhilft zu einem positiveren Körperbewusstsein und damit auch zu einem besseren Lebensgefühl.

Sport verändert das Leben

In einer 1994 im »Journal of the American Medical Association« (JAMA) veröffentlichten Studie wiesen Wissenschaftler ebenfalls nach, dass neben den körperlichen auch eine Reihe positiver mentaler und emotionaler Veränderungen eintraten. Nach einem Jahr moderaten Muskeltrainings gaben sämtliche Testpersonen an:

- Aktiver zu sein und mehr Spaß in der Freizeit zu haben, nicht nur durch den Sport, sondern auch durch häufigere Theaterbesuche, Tanzen, Gartenarbeit etc.
- Sich attraktiver zu fühlen und besseren Sex zu haben
- Energiegeladener zu sein und selbstbewusster aufzutreten

Ähnliche Ergebnisse sind auch für Ausdauersportarten wie Laufen, Schwimmen und Radfahren nachgewiesen. Der US-amerikanische Surgeon General Report von 1996 hält fest: »Es lässt sich sagen, dass sportliche Aktivität nicht nur Krankheiten vorbeugt, sondern auch die geistige Gesundheit fördert.«

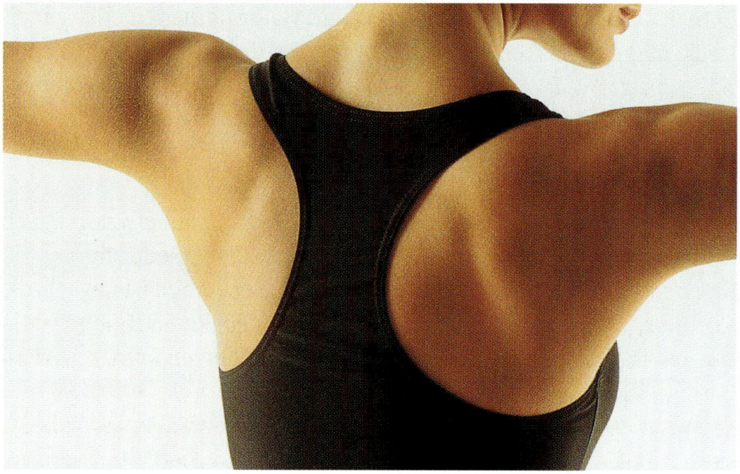

Eine gut trainierte Rückenmuskulatur muss nicht unbedingt unweiblich sein. Ein Training dient nicht nur dem Aufbau, sondern vor allem dem Modellieren der Muskeln.

Die fünf großen Killer

Die fünf größten Hürden auf dem Weg zum 100. Geburtstag sind Erkrankungen und Verletzungen, denen sich teilweise durch gezieltes Körpertraining vorbeugen lässt. Verkehrsunfälle sind in dieser Aufzählung nicht berücksichtigt.

- Herz-Kreislauf-Erkrankungen – in Deutschland Todesursache Nummer eins (485 von 1000 Todesfällen)
- Krebserkrankungen – trotz Vorsorge und modernster Therapie immer noch ein gefährlicher Killer (247 von 1000 Todesfällen)
- Erkrankungen der Atmungsorgane (61 von 1000 Todesfällen)
- Erkrankungen des Verdauungstrakts – dabei in erster Linie alkoholbedingte Schädigungen der Leber und der Bauchspeicheldrüse (47 von 1000 Todesfällen)
- Vergiftungen und Verletzungen (45 von 1000 Todesfällen)

Besonders auf dem Gebiet der Herz-Kreislauf-Erkrankungen kann mit regelmäßiger sportlicher Betätigung viel Unheil abgewendet werden. Zur Herz-Kreislauf-Stärkung eignen sich vor allem Ausdauersportarten.

Muskeln – acht Märchen und Mythen

Ein wohl gemeinter Rat vorweg: Glauben Sie bloß nicht alles, was Sie im Trainingsraum, in der Sauna oder von anderen Trainierenden aufschnappen. Viele dieser gut gemeinten »Informationen«, die Sie auf diese Weise bekommen, können sich als Halbwahrheiten oder gar als schlichtweg falsch entpuppen. Damit Sie diesen Binsenweisheiten nicht auf den Leim gehen, habe ich für Sie diejenigen zusammengestellt, die sich seit vielen Jahren am hartnäckigsten halten.

1 – Problemzonen abspecken

Das Märchen: »Durch bestimmte Übungen kann man etwa an Bauch und Beinen gezielt Fett abbauen (Fachbegriff: ›Spot-Reducing‹).«
Schön wär's: Exercises für eine Muskelpartie erhöhen lediglich die Spannung in dieser Region und führen so zu einem Straffungsgefühl (»Muskeltonus«). Der Körper baut seine Fettreserven immer rundum gleichmäßig ab. Und die Stellen, an denen sich die weichen Wonnen – je nach genetischer Veranlagung – am schnellsten ablagern, sind leider auch diejenigen, die ihre Reserven nur ungern abgeben.

Wer an den Problemzonen wie an Bauch, Beinen und Po Fett verbrennen möchte, sollte die gezielt auf diese Muskelgruppen ausgerichteten Übungen mit Ausdauersportarten wie z. B. dem Radfahren verbinden.

2 – Kraftsport für immer

Das Märchen: »Wenn man mit dem Kraftsport aufhört, erschlafft das Gewebe, und die Haut hängt.«
Völlig falsch: Genauso langsam, wie Sie Muskeln aufbauen, baut der Körper sie aus Mangel an Bewegungsstimulation auch wieder ab. Das Gleiche gilt für das umgebende Hautgewebe: Es passt sich einer Volumenveränderung an – ganz allmählich.

3 – Ade Weiblichkeit

Das Märchen: »Muskulöse Arme sind unweiblich. Ich als Frau möchte auf keinen Fall Kraftsport machen, weil mein Bizeps dann stark wächst.«
Es ist eher unwahrscheinlich, dass Sie durch regelmäßiges Training Ihre Blusenärmel sprengen, es sei denn, Sie sind Leistungsbodybuilderin und mühen sich fast täglich mit Ihrer Armmuskulatur ab. Bedingt durch einen niedrigen Testosteronspiegel bauen Vertreterinnen des weiblichen Geschlechts im Gegensatz zu den Männern nur sehr langsam Masse auf.
Tipp Falls Sie doch vom Körpertypus eine eher kräftige Frau sind: Lassen Sie die Armübungen einfach erst einmal weg – beim Brust- und Rückentraining müssen Armstrecker (Trizeps) und Armbeuger (Bizeps) ohnehin schon Assistenzarbeit leisten und werden dadurch automatisch mittrainiert.

4 – Leiden erwünscht

Das Märchen: »Wenn man am nächsten Tag keinen deftigen Muskelkater hat, war das Training nicht effektiv.«
Verkehrt: Sie mögen am Anfang ein wenig »verkatert« sein, doch nach zwei, drei Wochen sollte sich dieser Zustand kaum mehr einstellen. Falls Sie dennoch am Tag nach dem Training heftige Muskelschmerzen haben, sollten Sie beim nächsten Mal Ihre Trainingsintensität herunterschrauben: Nehmen Sie weniger Gewichte, und erhöhen Sie lieber die Wiederholungszahl. Wichtig ist auch richtiges Auf- und Abwärmen (mehr dazu ab Seite 39 und Seite 118).

Im Unterschied zur übermüdeten, d.h. übersäuerten Muskulatur tritt der eigentliche Muskelkater (Muskelfaserverletzungen) erst einige Zeit nach der Belastung auf und kann bis zu einer Woche anhalten.

Achtung Nehmen Sie häufigen Muskelkater nicht auf die leichte Schulter! Forschungen haben ergeben, dass er durch mikroskopisch kleine Risse im Muskel entsteht. Treten diese häufiger auf, kann das Gewebe vernarben. Die möglichen Folgen: Zunehmende Unelastizität und gesteigerte Gefahr von Zerrungen und Muskelfaserrissen.

5 – Muskeln wiegen schwerer

Das Märchen: »Durch Hantel- und Gerätetraining nimmt man überhaupt nicht ab.«
Stimmt so nicht: Auch wenn die Waage noch dasselbe Gewicht oder mehr anzeigt – Fett wiegt schließlich leichter als Muskelmasse. Das bedeutet: Sie sind vielleicht schwerer geworden, doch Sie haben ihren Taillenumfang wahrscheinlich trotzdem reduziert. Außerdem: mehr Muskeln bedeuten auch einen höheren Kalorienbedarf. Schließlich muss diese Masse ja mit Energie versorgt werden. Bei gleichbleibender Energiezufuhr werden Sie darum nach und nach mit großer Wahrscheinlichkeit Ihr Körperfett reduzieren.

6 – Schweiß darf nicht fließen

Das Märchen: »Wer leicht ins Schwitzen kommt, hat eine schlechte Grundkondition.«
Falsch: Schweiß wird zum Temperaturausgleich an die Hautoberfläche transportiert. Und ob Sie schneller oder langsamer erhitzen, ist teilweise Veranlagungssache. Es gibt Spitzensportlerinnen und -sportler, die auch nach einer Viertelstunde in der Sauna noch kein Tröpfchen absondern, und es gibt solche, die schon nach ein paar Minuten nass geschwitzt sind.

7 – Dicke unerwünscht

Das Märchen: »Kraftsport ist nichts für Dicke.«

Von wegen: Übergewichtige werden beim Training schneller Pfunde los, denn der Körper muss härter arbeiten und braucht mehr Energie, um sich zu bewegen.

Fazit: Auch stark Übergewichtige können durch Workouts mit Widerstand ihr Körpergewicht mittel- bis langfristig regulieren.

Vor den Stretch- und Dehnübungen, die das Risiko von Muskelverkürzungen und Muskelkater verringern, sollte die Muskulatur unbedingt aufgewärmt werden – am besten durch zehn Minuten lockeres Laufen.

8 – Muskelprotze können nicht mehr laufen

Das Märchen: »Krafttraining macht unbeweglich.«

Nein: Nur, wer sich nach dem Workout nicht regelmäßig und sorgfältig dehnt, riskiert Muskelverkürzungen. Wichtig dabei ist auch ein Muskel-Check-up vor dem ersten Training: Ein guter Trainer im Fitnessstudio wird dafür spezielle Übungen mit Ihnen durchführen, die Ihnen genau aufzeigen, in welchen Bereichen Sie sich eventuell mehr strecken müssen. Wenn Sie etwa beruflich eine überwiegend sitzende Tätigkeit ausführen, ist es sehr wahrscheinlich, dass Sie Verkürzungen in den Bereichen Nacken, Brust, Rückenstrecker, Hüftbeuger, Beinbizeps und Wade haben. Geeignete Stretchingübungen zur Selbsthilfe finden Sie ab Seite 123.

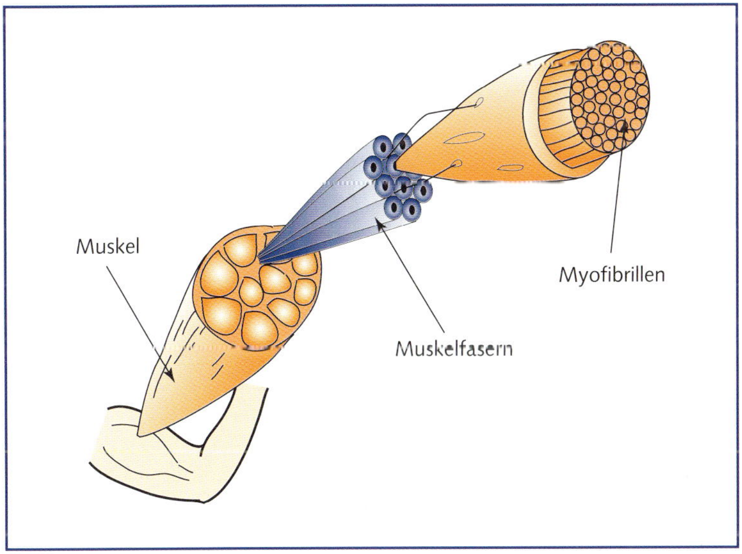

Muskeln wachsen, indem neue Muskelzellen produziert werden oder der Durchmesser der vorhandenen zunimmt. In jedem Fall aber werden beim Muskelaufbau sowohl die Energieversorgung der Zellen als auch die Energiespeicherung verbessert.

Motivationshilfen zum Start und fürs Durchhalten

Ein weiterer Anreiz, warum Trainieren so wichtig ist: Durch regelmäßige Bewegung vergrößert sich unser Herz, die Durchblutung funktioniert besser, und der Blutdruck sinkt. Letztendlich wird der gesamte Körper besser mit Sauerstoff versorgt.

Auf den vorherigen Seiten habe ich Ihnen schon zahlreiche gute Gründe dafür geliefert, ab jetzt so richtig loszulegen. Für alle, denen immer noch das letzte Quäntchen Antrieb fehlt, oder für diejenigen, denen es bisher an Regelmäßigkeit mangelte: nachfolgend ein paar wertvolle Tipps zum Anfangen und Durchhalten.

So bleiben Sie bei der Stange

- Seien Sie realistisch, und schrauben Sie Ihre Ansprüche nicht zu hoch. Ihre Muskeln brauchen Zeit zum Wachsen, und eine bessere Figur machen Sie auch nicht über Nacht. Freuen Sie sich zunächst über das positive neue Körpergefühl, das Sie schon nach wenigen Trainingseinheiten spüren werden.
- Ein Traumkörper entsteht immer zuerst im Kopf. Benutzen Sie Ihre Vorstellungskraft, um sich Ihre Ziele so klar wie möglich vor Augen zu führen. Visualisieren Sie morgens nach dem Aufstehen und abends vor dem Schlafengehen: »*Da* will ich hin, und *so* wird es sich anfühlen, wenn ich dort bin.«
- Vermeiden Sie negative Gedanken. Denken Sie nicht: »Mein Bauch will einfach nicht flacher werden«, sondern: »Ich tue viel dafür, dass sich meine Bauchmuskeln straffer anfühlen und bald mehr Kontur bekommen«.
- Falls die Zeit mal knapp ist, lassen Sie Ihr Workout nicht ausfallen: Überlegen Sie, welche Schwerpunkte Sie haben, und konzentrieren Sie sich auf diese. Wenn Ihnen beispielsweise das Training der Rumpfmuskeln vorrangig am Herzen liegt und Sie nur eine halbe Stunde Zeit haben, dann machen Sie eben nur einige Durchgänge für Brust, Rücken und Bauch.
- So sparen Sie über die Woche Zeit ein: Verschieben Sie unnötige Zeitkiller wie beispielsweise Einkäufe, Wäschewaschen und Wohnungsputz aufs Wochenende.
- Für Heimsportler: Sorgen Sie für ein ansprechendes Ambiente. Eine gute Belüftung Ihres Trainingsraums gehört ebenso dazu wie eine aufgeräumte, ansprechende Umgebung.

- Wenn Sie sich allein nicht zu einem regelmäßigen Training durchringen können, fragen Sie im Freundeskreis, ob nicht jemand mitmachen möchte. Zu zweit fällt schließlich vieles leichter. Doch Vorsicht: Ihr Partner könnte sich als notorischer »Sportschwänzer« entpuppen!
- Setzen Sie feste Trainingstermine für die Woche. So vermeiden Sie das tageweise Aufschieben des nächsten Workouts.
- Bringen Sie in regelmäßigen Abständen Abwechslung in Ihr Programm, und tauschen Sie Übungen aus. Wie Sie dabei am besten vorgehen, erfahren Sie im Übungsteil ab Seite 43.

Der Aufbau von Muskelmasse sollte nicht zu schnell gehen, da das Bindegewebe und die Sehnen erfahrungsgemäß langsamer an entsprechender Festigkeit gewinnen.

Kleine Etappenziele setzen

Setzen Sie sich unbedingt kleine Teilziele. Es ist leichter, den Weg zum großen Ziel in Etappen zurückzulegen, als ihn als endlos lange Strecke vor sich zu sehen. Wenn es Ihnen um Gewichtsreduktion geht, sollten Sie beachten, nicht mehr als ein bis zwei Pfund pro Woche zu verlieren. Nehmen Sie mehr ab, so stellt der Stoffwechsel auf Sparflamme und hält hartnäckig an den übrigen Pfunden fest.

Wenn Sie den Aufbau von Muskelmasse anstreben: Messen Sie Ihre Körperpartien durch. Mit einem Maßband bestimmen Sie vor Beginn Ihres Trainings den Umfang von Waden, Schenkeln, Hüfte, Taille, Brust und Schultern. Tragen Sie diese Umfänge in ein Tagebuch ein. Messen Sie dann höchstens alle vierzehn Tage erneut durch. Verbuchen Sie nicht nur den Zuwachs in Zentimetern als Erfolg – freuen Sie sich auch über den Gewinn an Millimetern!

Musik macht mobil

Legen Sie sich Rhythmen auf, die Sie mögen und die Sie mitreißen. Gute Tapes und CDs für Fitnesssportler gibt es z. B. bei:

- Gymusic (Tel. 0 41 06/8 24 79)
- Move Ya (Tel. 0 40/46 77 75 41)
- Bonsport-GmbH (Tel. 02 28/72 54 90)
- World Fitness Promotion (Tel. 0 94 26/8 50 00)
- Bodylife (Tel. 0 72 51/9 78 50)
- Fitness plus (Tel. 0 70 73/9 17 70)

Eine kritische Bestandsaufnahme

So bestimmen Sie Ihren Körpertyp

Mensch ist nicht gleich Mensch. So viel steht fest. Wir sehen unterschiedlich aus, verhalten uns unterschiedlich, und unsere Körper reagieren unterschiedlich auf Belastungen.
Um im Sport und durch Training das Beste aus sich herauszuholen, ist es deshalb wichtig, dass Sie Ihre Stärken und Schwächen, Ihre Anlagen und Neigungen kennen lernen.

Die Einteilung in drei unterschiedliche Körpertypen wurde u. a. von dem Tübinger Psychologen Ernst Kretschmer entwickelt, in seinem 1921 erschienenen Werk »Körperbau und Charakter«.

Die drei Typen der Konstitution

Träumen Sie mal ein bisschen: Sie sind groß und schlank, beweglich wie eine Katze und reaktionsschnell wie ein Vollblut. Und das Schönste: Sie können sich mit Kalorienbomben sorglos vollstopfen, Sie werden einfach nicht dicker! Bis jetzt würde Sie wohl jeder beneiden. Doch kaum jemand weiß, dass mit diesen positiven Eigenschaften meist auch weniger angenehme gekoppelt sind. Sie würden nämlich gleichzeitig zu einem Typus gehören, der nur sehr schwer Muskeln aufbaut, oft nervös ist und auch im Sommer häufig friert.
Wissenschaftler unterscheiden drei Konstitutionstypen:

- Ektomorphe (hager, hoch aufgeschossen)
- Mesomorphe (athletisch)
- Endomorphe (rundlich, gedrungen)

Alle drei Typen treten selten isoliert auf – die meisten Menschen sind Mischtypen.

Veranlagung ist kein Schicksal

Der oben beschriebene »Idealtyp« besitzt vor allem ektomorphe Eigenschaften. Der endomorphe Mensch dagegen hat trotz starker Muskulatur runde Körperformen und neigt zu Übergewicht. Mesomorphe sind stark und haben es leicht beim Muskelaufbau. Ihre Schultern sind breit und die ganze Erscheinung kompakt. Fett setzen sie kaum an. Ach, sagen nun vielleicht die Endomorphen unter Ihnen, ich kann also nichts dafür, dass ich so breite Hüften habe? Trösten Sie sich: Die Genetik allein macht noch kein Erscheinungsbild – Sie können daran arbeiten, egal, zu welchem Typus Sie gehören! Sie werden sicherlich nicht zur Bohnenstange, wenn Sie zu Übergewicht neigen. Aber Sie können an den erforderlichen Stellen Muskeln auf- und durch Ausdauertraining Fettpölsterchen abbauen. Die folgenden Tipps werden Ihnen dabei helfen, die Sportart zu finden, die am besten zu Ihnen passt. Training kann Ihren Typ sehr verändern.

Die massiven Oberschenkel eines Skaters beispielsweise, oder die sehnigen Beine eines Läufers und der muskulöse Oberkörper eines Turners sind natürlich Konsequenzen zielgerichteten Trainings. Bewegung kann zudem Ihre Psyche positiv beeinflussen und die Persönlichkeitsentwicklung unterstützen. Regelmäßige Bewegung fördert z. B. so unterschiedliche Fähigkeiten wie Koordination, Teamgeist, Flexibilität und Selbstbewusstsein.

Die Begriffe »mesomorph«, »ektomorph« und »endomorph« stammen von dem amerikanischen Psychologen William H. Sheldon, der Kretschmers Einteilung in die unterschiedlichen Körpertypen übernahm und weiterentwickelte.

Welche Sportart zu welchem Typ passt

Der Mesomorphe

Sie sind athletisch? Dann sollten Sie an Ihrer Beweglichkeit und an Ihrer Feinmotorik arbeiten. Spielsportarten und Stretching können Ihnen dabei helfen, diese Ziele zu erreichen.

Mesomorphe sind klassische Sportlertypen. Sie sind im Allgemeinen kraftvoll und dynamisch, körperliche Anstrengungen bewältigen sie oft mühelos. Sie bevorzugen Sportarten, die einen hohen Kraftaufwand erfordern – wie etwa Rudern und Bodybuilding – oder Extrem- und Funsportarten, die ihrem abenteuerlustigen Charakter entgegenkommen. Wenn Sie zu diesem Typus gehören, können Sie im Grunde Ihr Sportprogramm so weiterführen – mit einigen Einschränkungen. Als athletischer Sportler neigen Sie aufgrund Ihrer starken Dehnreflexe zu Muskelverkürzungen und einer eingeschränkten Feinmotorik. Dehnübungen (ab Seite 123) sind deshalb für Sie nach jedem Training Pflicht. Durch Spielsportarten wie Volleyball oder durch Racketspiele wie Tennis können Sie Ihre motorischen Fähigkeiten ausbauen. Berücksichtigen Sie das in Ihrer Trainingsplanung.

Eignungstest

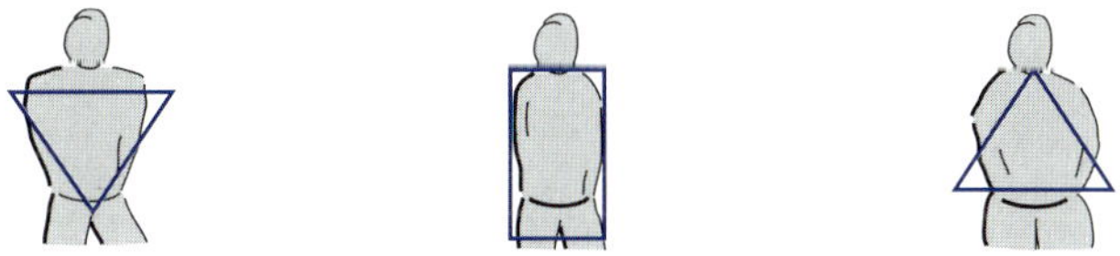

	Mesomorph	Ektomorph	Endomorph
Stärken	Schnelligkeit, Power und gute Muskelaufbaufähigkeit. Niedriger Körperfettanteil, breite Schultern. Sie sind energisch und trotzdem entspannungsfähig.	Sie sind auch ohne besonderes Dehntraining sehr beweglich. Ihre empfindlichen Nerven machen Sie reaktionsschnell, z. B. in Racketsportarten wie Squash oder Badminton.	Sie haben einen tiefen Körperschwerpunkt, viel Kraft und sind gut geeignet für Kraftsportarten. Alle Fitnesskomponenten sind mit normalem Aufwand verbesserbar.
Schwächen	Neigung zu geringer Beweglichkeit aufgrund des starken Muskel- und Bindegewebes. Bei nachlassender Aktivität anfällig für Gewichtszunahme und Fettansatz.	Langwieriger Muskelaufbau, Körperhaltung ist oft schlecht, Gelenke sind überbeweglich. Niedriger Blutdruck, kalte Hände und Füße. Sie sind leicht nervös.	Langsamer Stoffwechsel, Fähigkeit zur Nährstoffaufnahme leider zu gut entwickelt. Anfällig für Herz-Kreislauf-Erkrankungen, Gelenk- und Rückenprobleme.
Trainingsplan für 4 Wochen	Ausdauer: Grundlagentraining (3-mal pro Woche 40 Minuten Joggen). Krafttraining: 2-mal pro Woche Muskelaufbau oder Training der Kraftausdauer. Beweglichkeitstraining: Ausführliches Stretching nach jeder Sporteinheit.	Ausdauer: 2-mal pro Woche 30 Minuten Joggen oder Radfahren. Krafttraining: Mit wenig Gewichten und vielen Wiederholungen beginnen (Gewöhnungsphase für Muskeln und Gelenke), dann mehr Widerstand und weniger Wiederholungen.	Ausdauer: Intensiv 3- bis 4-mal pro Woche 45 bis 60 Minuten gelenkschonend schwimmen, Rad fahren oder walken (Fettabbau!). Krafttraining: Viele Wiederholungen, 1 Minute Pause zwischen den Durchgängen.

Typologie

Mesomorphe Menschen haben eine ausgeprägte Muskulatur, einen starken Knochenbau und kräftige Gefäße. Die Schultern sind breit, der Brustkorb ist weit. Im Gegensatz zum übrigen Körperbau erscheinen die Beine eher grazil. Meso-endomorphe Mischtypen haben dagegen häufig auch kräftig entwickelte Gliedmaßen.

Ernährung

Der Mesomorph – dem athletischen Typen Kretschmers vergleichbar – zeichnet sich vor allem durch seine Stärke und Zähigkeit aus. Auf der psychologischen Ebene belegt Sheldon dies mit dem Begriff der »Somatotonie« (Körperlichkeit).

Athletiker brauchen besonders in sportlichen Aufbauphasen mehr Kohlenhydrate als die anderen Typen (Reis, Gemüse, Obst, Vollkornprodukte). Sie sollten auf eine fettarme Ernährung achten (maximal 20 Prozent).

Psyche

Laut Studien des amerikanischen Psychologen William Sheldon sind Mesomorphe oft abenteuerlustig, impulsiv und dominieren gern. Versuchen Sie es doch zum Ausgleich mal mit Sportarten, die mehr Einfühlungsvermögen und Rücksicht von Ihnen verlangen (beispielsweise mit Golf, Tai Chi oder Staffellauf).

Trainingsziel

Nach vier bis sechs Wochen werden Sie, sofern Sie diese Tipps befolgen, eine Verbesserung der Beweglichkeit und Koordinationsfähigkeit feststellen. Ergänzen Sie Ihren wöchentlichen Trainingsplan durch zwei bis drei halbstündige Stretchingeinheiten. Verbessern Sie außerdem Ihre Motorik durch Spielsportarten wie etwa Volleyball. Auch Freeclimbing eignet sich dafür.

Der Ektomorphe

Dünne, knochige Typen haben zwar nicht so viel Muskelmasse, sind dafür aber gelenkig und schnell. Extrem ektomorph veranlagte Menschen haben es in den Augen aller Wohlgenährten gut: Sie können scheinbar essen, was sie wollen, nehmen dabei aber kaum ein Gramm zu. Viele hagere Menschen würden jedoch liebend gern mal die Rollen tauschen. Sie sind oft mit ihrer schmalen, kraftlosen Erscheinung keineswegs zufrieden und möchten gern etwas mehr Fleisch auf die Rippen. Wenn Sie sich in dieser Kategorisierung wiederfinden, fühlen

Sie sich möglicherweise in Sportarten wohl, bei denen es besonders auf schnelle Reaktionen ankommt (beispielsweise Squash oder Badminton) oder bei denen Ihre Zähigkeit gefragt ist (wie etwa bei Langstreckenläufen). Reduzieren Sie diese für Sie eher kontraproduktiven Tätigkeiten, und versuchen Sie, langsamere und kraftvollere Trainingsprogramme einzubauen (z. B. Walking, Rudern, Klettern).

Der Ektomorph – von Kretschmer als leptosom bezeichnet – ist meist hager, kantig und introvertiert. Der psychologische Komplementärbegriff bei Sheldon lautet »Zerebrotonie« (Vergeistigung, Kopflastigkeit).

Typologie

Ektomorphe Menschen neigen zu Hypermobilität: Die Gelenke sind sehr beweglich, die Muskeln äußerst dehnbar. Die Körperhaltung dieser Menschen ist daher häufig schlecht. Weitere Dispositionen: niedriger Blutdruck, hoher Ruhepuls, kalte Hände und Füße, erhöhte Schmerzempfindlichkeit.

Ernährung

Wegen seines schnellen Stoffwechsels sollte dieser Typus fünf bis sieben Mahlzeiten über den Tag verteilt essen, um zu- bzw. nicht weiter abzunehmen. Die Kohlenhydratzufuhr zu mindestens 50 Prozent über Mehrfachzucker decken (siehe auch Seite 136).

Für mesomorphe, d. h. muskulöse Menschen mit kräftigem Knochenbau und einem ausgeprägten Hang zur Aktivität ist Freeclimbing als ergänzende Sportart besonders gut geeignet.

Psyche

Die Aktivität des ektomorphen Nervensystems ist äußerst effektiv. Es reagiert schnell und sensibel auf Reize. Innere Unruhe und Spannungszustände häufen sich möglicherweise. Entspannungsmaßnahmen wie autogenes Training und Yoga wirken beruhigend.

Der endomorphe – bei Kretschmer pyknische – Typus ist extrovertiert und neigt zur Weich- und Fettleibigkeit. Psychologisch ordnet Sheldon ihm den Begriff der »Viszerotonie« (sozusagen aus dem Bauch heraus reagierend) zu.

Trainingsziel

Kräftigungs- und Kraftausdauertraining helfen ektomorphen Sportlertypen, Kopf und Körper ins Gleichgewicht zu bringen. Versuchen Sie, mindestens dreimal pro Woche mit Gewichten zu trainieren. Beschränken Sie sich dabei aber auf ein bis zwei Übungen pro Muskel, und führen Sie diese so konzentriert wie möglich aus.

Der Endomorphe

Rundliche Menschen sind im Grunde recht mobil. Gehen Sie daher gegen Ihre Trägheit an. Sie sind eigentlich ein sehr geselliger Mensch. Ihre Kontaktfreudigkeit resultiert allerdings häufig aus einem Gefühl der Isolation, und die Anerkennung Ihrer Mitmenschen ist Ihnen sehr wichtig. Verbinden Sie doch einfach das Angenehme mit dem Nützlichen: Es gibt einige Sportarten, die Sie in der Gruppe ausführen können und die außerdem noch den Kreislauf trainieren und Sie spielerisch abspecken lassen. Ob Aerobickurse im Fitnessstudio, ein örtlicher Lauftreff oder regelmäßige Ausflüge mit dem Fahrrad (besonders zu empfehlen für Menschen mit starkem Übergewicht, da Radfahren die Gelenke schont) – gemeinsam mit anderen Menschen fällt Ihnen vieles leichter.
Meiden Sie Sportarten mit viel Impact (Sprünge, Aufprallerschütterungen), wenn Sie etwas mehr auf den Rippen haben; außerdem belasten Langstreckenläufe Kniegelenke und Wirbelsäule. Wenn Sie unbedingt laufen wollen, beginnen Sie mit sanftem Walking.

Typologie

Fettansatz und runde Körperformen sind charakteristisch für Endomorphe. Das Gewicht verteilt sich gleichmäßiger über den Körper als bei den anderen beiden Typen. Rundliche Menschen sind im Allgemeinen beweglicher als Athleten. Körperfunktionen: niedriger Ruhepuls und Blutdruck, mäßiger bis schwacher Kreislauf.

Ernährung

Endomorphe Menschen haben oft Schwierigkeiten, ihr Körpergewicht in Grenzen zu halten: Ihr Stoffwechsel ist träge und funktioniert recht langsam. So kann der Eindruck entstehen, allein vom Ein- und Ausatmen dick zu werden. Achten Sie deshalb besonders auf eine fettarme Kost – Sie dürfen höchstens 20 Prozent Ihrer täglichen Kalorienmenge über Fette decken. Tipps zu einer gesunden, fettarmen Ernährung finden Sie im Kapitel »Training und Ernährung« ab Seite 144.

Psyche

Sie können sich meist gut entspannen. Ihre Bequemlichkeit und die Neigung zu wenig reglementierten Tätigkeiten stehen Ihnen oft im Wege bei dem Vorsatz, etwas sportlicher zu werden. Mit Bahnenschwimmen oder Low-Impact-Aerobic sagen Sie Ihrer Trägheit den Kampf an.

Trainingsziel

Durch sportliche Betätigung können Sie Ihren Stoffwechsel ankurbeln und die Fettverbrennung verbessern. Der Abbau von Fettgewebe durch Ausdauerprogramme sollte im Vordergrund stehen. Außerdem lässt sich damit der Kreislauf stärken.

Tipp Zusätzliches Training für Bauch und Rücken entlastet die Wirbelsäule und verbessert die Haltung. So arbeiten Sie nicht nur Fettpolsterchen ab, sondern tun auch noch etwas für Ihre Gesundheit.

Wie fit Sie sind, hängt auch mit Ihrem Trainingsziel zusammen. Während ein Läufer sicher mehr Ausdauer als ein Golfspieler besitzt, verfügt dieser wiederum über mehr Koordinationsvermögen. Achten Sie darauf, dass kein Trainingsbereich zu kurz kommt.

Testen Sie Ihren Fitnesslevel

Fitness ist per Definition der allgemeine psychische und physische Zustand für eine gute Leistungsbereitschaft. Die Fitness wird oft mit körperlicher Leistungsfähigkeit oder Gesundheit gleichgesetzt.
Durch Tests kann das Niveau der Fitness bestimmt werden. Wesentliche Faktoren sind hierbei Ausdauer, Kraft, Beweglichkeit und Koordinationsvermögen.
Wenn Sie alle der folgenden Testübungen durchführen, haben Sie schließlich einen guten Überblick über Ihren Ist-Zustand. Sie erfahren, in welchen Bereichen Sie eventuell noch aktiver werden müssen und wo Ihre Stärken liegen.

Der Cooper-Test hat sich bisher für alle Geschlechts- und Altersgruppen bewährt. Um ihn durchzuführen, sollten Sie allerdings über etwas Lauferfahrung verfügen. (Quelle der nebenstehenden Tabelle: Cooper, 1980.)

Die Ausdauer testen

Der Cooper-Test
Suchen Sie sich eine möglichst ebene Strecke, deren Länge Sie bestimmen können. Ideal ist dafür eine Rundlaufbahn in einem Stadion (bei den örtlichen Vereinen erfragen). Ihre Aufgabe ist es, in zwölf Minuten eine möglichst lange Strecke im Dauerlauf zurückzulegen. Gemessen wird der zurückgelegte Weg in Metern.

Vergleichswerte

Beurteilung (Laufstrecke in Kilometer)

Männer Frauen	m w	Altersgruppen 20–29	30–39	40–49	50–59	60–69
Überragend	m	>2,82	>2,70	>2,64	>2,53	>2,48
	w	>2,32	>2,22	>2,14	>2,08	>1,98
Sehr gut	m	2,64–2,82	2,51–2,70	2,46–2,64	2,32–2,53	2,13–2,48
	w	2,16–2,32	2,08–2,22	2,00–2,14	1,90–2,08	1,76–1,89
Gut	m	2,40–2,63	2,34–2,50	2,24–2,45	2,10–2,31	1,94–2,12
	w	1,97–2,15	1,90–2,07	1,79–1,99	1,70–1,89	1,58–1,75
Mittel	m	2,11–2,39	2,10–2,33	2,00–2,23	1,87–2,09	1,65–1,93
	w	1,79–1,96	1,70–1,89	1,58–1,78	1,50–1,69	1,39–1,57
Schwach	m	1,95–2,10	1,89–2,09	1,82–1,99	1,65–1,86	1,39–1,64
	w	1,54–1,78	1,50–1,69	1,41–1,57	1,34–1,49	1,25–1,38
Sehr schwach	m	<1,95	<1,89	<1,82	<1,65	<1,39
	w	<1,54	<1,50	<1,41	<1,34	<1,25

Die Kraft testen

Crunches
Rückenlage, Beine angewinkelt, Füße auf dem Boden. Nun aufrichten, ohne dabei Schwung zu holen. Arme seitlich neben dem Körper halten. Nur die Hälfte aller Untrainierten schafft diesen Bauchmuskeltest mühelos.

Aufstehen mit einem Bein
Setzen Sie sich auf einen Stuhl. Verschränken Sie die Arme vor der Brust, und versuchen Sie, mit einem Bein aufzustehen. Mit dem anderen Bein wiederholen.

Sie sollten in der Lage sein, mit dem linken und dem rechten Bein aufzustehen, ohne die Balance zu verlieren. 15 Prozent der untrainierten Männer und 20 Prozent der untrainierten Frauen schaffen diese Übung nicht auf Anhieb.

Beim Bauchcrunch ist es wichtig, dass der untere Lendenwirbelbereich während der gesamten Übung am Boden bleibt. Auf diese Weise führen Sie die Übung auch wirklich mit den Bauchmuskeln durch und belasten den Rücken am wenigsten.

Neben den richtigen Liegestützen gibt es auch die Variante »Liegestütze light«. Dazu bleiben die Knie am Boden, die Beine sind nach oben angewinkelt und kreuzen sich in Höhe der Fußknöchel. Führen Sie diese Liegestütze nur auf einer Matte aus, um Ihre Kniegelenke zu schonen. (Quelle der nebenstehenden Tabelle: Beck/Bös, 1995.)

Die Kraft testen

Liegestütz

Versuchen Sie, in 40 Sekunden so viele Liegestütze wie möglich zu machen. Bauchlage, Hände seitlich neben dem Körper in Schulterhöhe aufsetzen. Die Ellbogen weisen während der gesamten Übung weit nach außen, der Körper ist voll gestreckt.

Vergleichswerte

Beurteilung (Liegestütze in 40 Sekunden)

Männer Frauen	m w	Altersgruppen 20–29	30–39	40–49	50–59
Sehr gut	m w	>22 >16	>20 >15	>15 >13	>14 >12
Gut	m w	21–22 15–16	19–20 14–15	14–15 12–13	13–14 11–12
Mittel	m w	18–20 13–14	17–18 11–13	11–13 10–11	10–12 9–10
Schwach	m w	16–17 11–12	15–16 9–10	9–10 8–9	8–9 7–8
Sehr schwach	m w	<16 <11	<15 <9	<9 <8	<8 <7

Die Kraft testen

Klimmzug

Machen Sie so viele Klimmzüge, wie es Ihnen möglich ist. Der Körper muss bei dieser Übung absolut ruhig gehalten werden und darf nicht schwingen. Die Innenflächen der Hände zeigen beim Klimmzug in Richtung Gesicht und sind etwa schulterbreit auf die Klimmstange gesetzt. Es gilt jeder Zug, bei dem am Ende das Kinn über der Stange ist.

Vergleichswerte

Beurteilung (Anzahl der Klimmzüge)

	Sportler	Sportlerinnen
Sehr gut	>12	>3
Gut	11–12	3
Mittel	8–10	2
Schwach	6–7	1
Sehr schwach	<6	0

Klimmzüge sind in der Regel für Anfänger nicht leicht zu schaffen. Seien Sie deshalb nicht enttäuscht, wenn Sie anfangs mit Mühe und Not einen Klimmzug bewältigen. Im Lauf des Trainings wird Ihre Kraft zunehmen – ebenso wie Ihre Motivation und Freude! (Quelle der nebenstehenden Tabelle: Fetz/Kornexl, 1993.)

Die vertikale Sprungkraft – aus dem Stand heraus – ist beim Menschen eher unterentwickelt. Dies hängt zum einen natürlich mit der Anziehungskraft der Erde zusammen; zum anderen war der Mensch evolutionsgeschichtlich aber auch nie auf diese Fähigkeit angewiesen. (Quelle der nebenstehenden Tabelle: Bös/Wydra/Karisch, 1992.)

Die Sprungkraft testen

Jump and touch

Bei diesem Test springen Sie mit beidbeinigem Absprung so hoch wie es geht an die Wand. Messen Sie zuerst, wie hoch Sie im Stehen mit ausgestrecktem Arm reichen. Die Distanz zwischen Reichhöhe und maximaler Sprunghöhe gibt Aufschluss über Ihre vertikale Sprungkraft.

Vergleichswerte

Beurteilung (Sprunghöhe in Zentimeter)

Männer Frauen	m w	Altersgruppen 20–29	30–39	40–49	50–59
Sehr gut	m w	>54 >36	>50 >34	>45 >29	>41 >26
Gut	m w	50–54 33–36	46–50 31–34	41–45 27–29	38–41 23–26
Mittel	m w	46–49 28–32	42–45 26–30	37–40 24–26	33–37 20–22
Schwach	m w	42–45 24–27	38–41 22–25	33–36 20–23	29–32 16–19
Sehr schwach	m w	<42 <24	<38 <22	<33 <22	<29 <16

Die Sprungkraft testen

Weitsprung aus dem Stand
Versuchen Sie, aus dem Stand mit beiden Beinen abzuspringen und so weit wie möglich zu kommen. Dabei dürfen Sie mit den Armen und dem Körper Schwung holen. Die erreichte Distanz zeigt, wie es um Ihre horizontale Sprungkraft steht.

Bei der horizontalen Sprungkraft hat der Mensch schon größere Fertigkeiten entwickelt als beim Hochsprung aus dem Stand. Er muss sich nicht so weit vom Boden entfernen und kann besser Schwung holen. (Quelle der nebenstehenden Tabelle: Beck/Bös, 1995.)

Vergleichswerte

Beurteilung (Standweitsprung in Zentimeter)

Männer Frauen	m w	Altersgruppen 20–29	 30–39	 40–49	 50–59
Sehr gut	m w	>238 >165	>229 >157	>196 >142	>185 >124
Gut	m w	223–238 150–165	214–229 142–157	181–196 127–142	170–185 109–124
Mittel	m w	211–222 138–149	202–213 130–141	169–180 115–126	158–169 97–108
Schwach	m w	196–210 123–137	187–201 115–129	154–168 100–114	143–157 82–96
Sehr schwach	m w	<196 <123	<187 <115	<154 <100	<143 <82

Je kürzer der Abstand zwischen Ihren Finger- und Ihren Zehenspitzen beim »Sit-and-reach-Test« ist, desto beweglicher sind Sie. Ein Top-Ergebnis ist natürlich, wenn Sie mit der gesamten Hand über die Zehenspitzen hinausreichen.

Die Beweglichkeit testen

Sit and reach

Setzen Sie sich mit gestreckten Beinen auf den Boden, und ziehen Sie dabei die Fußspitzen an. Bewegen Sie sich mit der Ausatmung so weit wie möglich langsam und kontrolliert nach vorn, ohne dass Sie einen Schmerz verspüren. Messen Sie die Position bzw. den Hände-Zehen-Abstand, den Sie mindestens drei Sekunden lang problemlos halten können.

Rumpfbeuge

Die Übung testet die Beweglichkeit des Rumpfes und die Dehnfähigkeit der Beinbeuger (hintere Oberschenkelpartie). Stellen Sie sich auf einen stabilen Stuhl oder Hocker. Versuchen Sie, den Rumpf mit gestreckten Armen so weit wie möglich hinunter zu beugen (Beine durchgedrückt). Maßgeblich ist die Position, die Sie mindestens drei Sekunden lang halten können.

Die Beweglichkeit testen

Schulterrückführung
Dieser Test checkt die Beweglichkeit im Schultergürtel. Sie brauchen einen ausgemessenen Besenstiel. Führen Sie den Stab mit gestreckten Armen von vorn über den Kopf hinweg hinter den Körper. Greifen Sie beim ersten Mal weit außen, und verringern Sie von Mal zu Mal den Abstand der Hände zueinander.

Achtung Bei dieser Übung ist es besonders wichtig, dass Sie sich vorher gut aufwärmen!

Vergleichswerte

Beurteilung (Griffbreite minus Schulterbreite in Zentimeter)

Männer Frauen	m w	Altersgruppen 20–29	 30–39	 40–49	 50–59
Sehr gut	m w	<50 <42	<54 <46	<61 <53	<69 <56
Gut	m w	50–62 42–51	54–64 46–55	61–70 53–60	69–76 56–66
Mittel	m w	63–71 52–59	65–73 56–63	71–77 61–68	77–82 67–73
Schwach	m w	72–82 60–70	74–84 64–74	78–88 69–78	83–91 74–84
Sehr schwach	m w	>82 >70	>84 >74	>88 >78	>91 >84

Wenn Sie sich vor der Schulterrückführung nicht ausreichend aufwärmen, riskieren Sie ernsthafte Verletzungen im Rücken- und Schulterbereich. Ein lockeres Stretching und zehn Minuten Laufen reichen schon aus. (Quelle der nebenstehenden Tabelle: Bös/Wydra/Karisch, 1992.)

Sie können Ihre Koordination auch im Einbeinstand mit geschlossenen Augen üben. Dabei beträgt die maximale Standzeit 30 Sekunden. Sie erreichen schon ein gutes Ergebnis, wenn Sie etwa 18 Sekunden lang ruhig stehen bleiben können. (Quelle der nebenstehenden Tabelle: Ukk-Institute, 1995.)

Die Koordination testen

Einbeinstand mit offenen Augen
Stehen Sie so lange auf einem Bein, wie Sie können. Den Fuß des Spielbeins dürfen Sie dabei an das Knie des Standbeins lehnen. Die maximale Standzeit beträgt dabei 60 Sekunden.

Vergleichswerte

Beurteilung (Standzeit in Sekunden)

Männer Frauen	m w	Altersgruppen 30–39	 40–49	 50–59
Sehr gut	m w	60 60	60 60	60 60
Gut	m w	60 57–59	60 57–59	49–59 42–59
Mittel	m w	42–59 37–56	41–59 37–56	29–48 22–41
Schwach	m w	23–41 17–36	21–40 17–36	9–28 2–21
Sehr schwach	m w	<23 <17	<21 <17	<9 <2

Die Koordination testen

Achten drehen

Stellen Sie sich barfuß auf den Boden, Hände locker in den Hüften. Ein Bein gestreckt etwa 20 Zentimeter heben. Versuchen Sie, mit diesem Bein in der Luft eine Acht zu beschreiben, ohne das Standbein zu berühren. Der Oberkörper soll gerade bleiben. Wie viele Achten kriegen Sie in 30 Sekunden hin?

Auswertung

- Gar keine = mangelhaft
- 2–4, unsicher = geht so
- 2–4, ohne zu wackeln = befriedigend
- 5, ohne zu wackeln = gut
- 5, ohne zu wackeln, mit höher gestrecktem Bein = ausgezeichnet

Einbeinstand mit Kopfdrehung

Gehen Sie auch bei dieser Übung in den Einbeinstand (siehe Seite 34). Drehen Sie dann jedoch während der Übung den Kopf etwa 25-mal nach links und nach rechts. Die maximale Standzeit beträgt 30 Sekunden.

Vergleichswerte

Beurteilung (Standzeit in Sekunden)

Männer Frauen	m w	Altersgruppen 30–39	 40–49	 50–59
Sehr gut	m w	>22 >18	>20 >17	>15 >13
Gut	m w	16–22 13–18	13–20 11–17	9–15 7–13
Mittel	m w	8–15 7–12	6–12 5–10	1–8 1–6
Schwach	m w	1–7 1–6	1–5 1–4	0 0
Sehr schwach	m w	0 0	0 0	0 0

Wenn Sie feststellen, dass Sie vor allem an Ihrer Koordinationsfähigkeit arbeiten sollten, können Sie speziell darauf ausgerichtete Sportarten wählen. Besonders gut geeignet sind Golf oder – wenn Sie etwas mehr Power wollen – Step-Aerobic. (Quelle der nebenstehenden Tabelle: Ukk-Institute, 1995.)

Das A und O einer gesunden Ernährung sind Vitamine, Mineralien und Spurenelemente, die vor allem in frischem Obst und Gemüse enthalten sind. Dabei müssen Sie nicht auf Präparate aus der Apotheke zurückgreifen.

Fit oder fett

Für die Antwort auf diese Frage ist nicht allein entscheidend, wie sportlich Sie sind, sondern auch, wie Sie sich ernähren. Aber wie viel ist genug?

Fitness und Ernährung hängen unmittelbar zusammen. Ohne eine Ihrem tatsächlichen Bedarf entsprechende Ernährung wird es Ihnen nicht gelingen, sich Ihrer Traumfigur anzunähern – auch wenn Sie noch so fleißig im Fitnessstudio sind.

Zunächst einmal ist es für Sie wichtig zu wissen, wo Sie mit Ihrem täglichen Energiebedarf stehen. Als Richtwert für die Energiezufuhr bei körperlich nicht anstrengender beruflicher Tätigkeit werden 2000 bis 2400 Kilokalorien veranschlagt. Wer körperlich anstrengendere Arbeiten verrichtet oder viel Sport treibt, braucht in etwa 3000 bis 4000 Kilokalorien. Leistungs- und Extremsportler können in Spitzenzeiten sogar bis zu 10 000 Kilokalorien pro Tag verheizen.

Den Grundumsatz berechnen

Ihr individueller Kalorienbedarf ist sowohl von der Alltagsbelastung als auch vom Lebensalter abhängig. Den Grundumsatz berechnen Sie nach folgender Formel:

- 18 bis 30 Jahre: 14,7 x Gewicht + 496 = Grundumsatz
- 31 bis 60 Jahre: 8,7 x Gewicht + 829 = Grundumsatz

Ihr Gesamtbedarf liegt jedoch über dem errechneten Grundumsatz. Je nach dem, was Sie täglich körperlich leisten oder nicht leisten müssen, multiplizieren Sie den Grundumsatz mit einem bestimmten Faktor:

- Arbeit überwiegend sitzend oder stehend; Autofahrer; kaum sportliche Aktivitäten: Grundumsatz x 1,4
- Mäßige körperliche Arbeit; Fußgänger; regelmäßige sportliche Aktivitäten und aktive Freizeitgestaltung: Grundumsatz x 1,7
- Physisch anspruchsvoller Berufsalltag; mindestens vier Sporteinheiten pro Woche: Grundumsatz x 2,0

Als Richtwert für BMI und Lebensalter gilt: Für 19- bis 34-Jährige ist ein BMI von 19 bis 24 wünschenswert; für 35- bis 54-Jährige ein BMI von 21 bis 27 und ab 55 Jahren aufwärts ist ein BMI von 23 bis 29 ideal.

Der Bodymass-Index

Der Körpermasseindex bzw. Bodymass-Index (BMI), wird aus dem Körpergewicht und der Körpergröße berechnet.
Die Formel für den BMI:

> Körpergewicht in Kilogramm
> dividiert durch
> Körpergröße in Meter zum Quadrat

Der in dieser Formel errechnete Index wird anhand verschiedener Tabellen interpretiert. So wird das wünschenswerte Körpergewicht mit Hilfe des BMI festgelegt (siehe unten). Weiterhin werden durch den BMI die Ausprägungen von Übergewicht (aber auch die Ausprägungen von Unterernährung) definiert. Den BMI findet man auch häufig in vielen wissenschaftlichen Studien, um die negativen Folgeerscheinungen von Übergewicht zu verdeutlichen. Für Kinder im Wachstumsalter ist die Formel nicht anwendbar.

Die Einteilung des Körpergewichts nach BMI

Wenn Sie Ihren BMI errechnet haben, können Sie mit folgenden Werten schon einmal grob feststellen, wie sich Ihr persönliches Körpergewicht definiert. Um Ihr optimales Gewicht festzustellen, sollten Sie auch noch das Lebensalter berücksichtigen.

- BMI unter 20: Untergewicht (Frauen zwischen 16 und 24 Jahren werden mit einem BMI-Wert zwischen 19 und 20 als normalgewichtig eingestuft)
- BMI 20 bis 24: Normalgewicht
- BMI 25 bis 29: leichtes bis mäßiges Übergewicht
- BMI 30 bis 39: deutliches Übergewicht
- BMI ab 40: sehr starkes Übergewicht

Das Training an und mit Geräten

Erst mal aufwärmen

Vermeiden Sie grundsätzlich Kaltstarts. Vor Beginn Ihres Workouts müssen Sie Ihren Bewegungsapparat auf die nachfolgenden Anforderungen vorbereiten. Mit einem guten Warm-up (Dauer: 10 bis 15 Minuten) aktivieren Sie das Herz-Kreislauf-System, kurbeln sowohl die Energie- als auch die Sauerstoffversorgung an, stimulieren das neuromuskuläre System des aktiven und passiven Bewegungsapparates und stellen Ihre psychovegetativen Funktionen auf Leistung ein.

Beim Warm-up ist es von Vorteil, aus den vorgeschlagenen Übungen eine zu wählen, die so richtig Laune macht. Dann ist man beim nachfolgenden Training gleich viel motivierter.

So kommen Sie auf Betriebstemperatur

Zu Hause und unterwegs kommen folgende Übungen infrage, um rasch trainingsbereit zu werden:

- Joggen bzw. auf der Stelle laufen
- Walking um den Block
- Seilspringen (für Fortgeschrittene)
- Treppensteigen
- Radeln auf der Stelle mit der »Heimrolle« (in Fahrradgeschäften, ab 100 DM)

Im Studio sind verschiedene Geräte für das Warm-up geeignet:

- Laufband (Übergewichtige sollten mit einem moderaten Gehtempo beginnen)
- Rudergerät (bei Rückenproblemen erst mit dem Arzt sprechen)
- Climber
- Stepper
- Crosstrainer
- Fahrradergometer (schont die Gelenke und ist daher besonders geeignet für stark Übergewichtige)

Tipp Wichtig für alle, die nicht nur Muskeln aufbauen, sondern vor allem abspecken wollen: Hängen Sie noch eine Viertelstunde oder mehr dran und machen Sie Ihr Warm-up so zu einem effektiven Fatburnerprogramm!

Wichtig – die Pulsfrequenz

Überschüssige Pfunde verbrennen Sie nur dann optimal, wenn Sie in der für Sie richtigen Pulsfrequenz bleiben. Folgende Formeln gelten für Ihre Pulsobergrenzen:

- Radfahren/Rudern

Ruhepuls + {(220 - Lebensalter - Ruhepuls) x Faktor X}

- Joggen/Walking/Climber/Stepper/Crosstrainer

Ruhepuls + {(220 - 3/4 Lebensalter - Ruhepuls) x Faktor X}

Faktor X ermittelt sich durch Ihren Trainingszustand:

- Unregelmäßig Sporttreibende (< 2-mal pro Woche) = 0,6
- Regelmäßig Sporttreibende (2- bis 3-mal pro Woche) = 0,65
- Ambitionierte (> 3-mal pro Woche) = 0,7

Rechenbeispiel für eine mäßig trainierte 32-jährige Joggerin mit einem Ruhepuls von 70 (morgens nach dem Aufwachen messen!):

70 + {(220 - 24 - 70) x 0,65}
= 70 + {126 x 0,65}
= 70 + 81,9
= 151,9.

Fazit: Um also dem Speck richtig zu Leibe zu rücken, sollte diese Frau nicht über einer Pulsfrequenz von 152 Schlägen trainieren.

Besitzen Sie einen Pulsmesser? Diese Anschaffung (ab 100 DM im Sportfachhandel) lohnt sich nicht nur für Heimsportler, sondern auch für Studiogänger, denn nicht alle Cardiogeräte sind mit einem integrierten Messgerät ausgestattet.

Die effektivsten Fatburner auf einen Blick

Gerät	Kalorienverbrauch/h*	Fettverbrauch/h gesamt in g*
Climber	1000	63–70
Laufband	810	60–63
Crosstrainer	800	56–60
Stepper	800	56–60
Rudergerät (Rower)	800	53–60
Fahrradergometer	750	49–53

*Alle Angaben beziehen sich auf einen 75 Kilogramm schweren Mann und können wegen der unterschiedlichen individuellen und externen Faktoren (u. a. Gerätetyp) nur als Richtmaß angesehen werden.

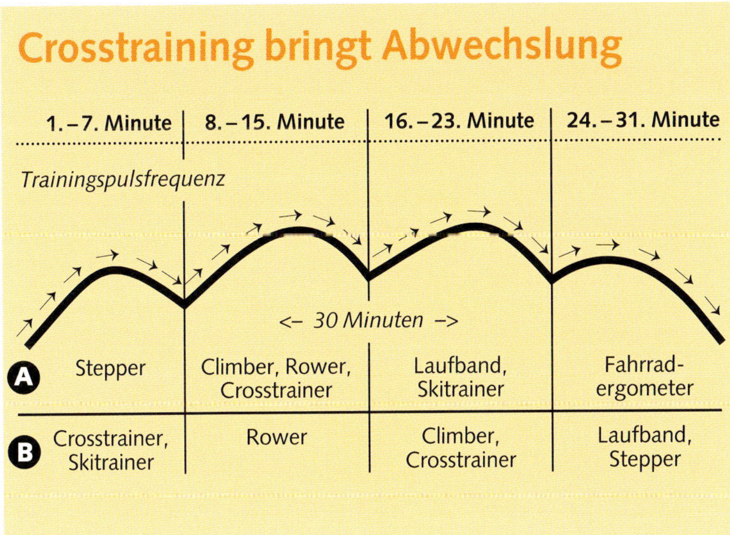

Beim cardiovariablen Training werden unterschiedliche Muskelgruppen gefordert, und der Belastungswechsel wirkt sich günstig auf die Gelenke aus. Außerdem kommt ganz bestimmt keine Langeweile auf!

Kombitraining macht Laune

Nur auf einem Gerät zu schwitzen kann auf Dauer eintönig werden. Je vielseitiger der Gerätepark Ihres Studios, desto flexibler können Sie Ihr Programm gestalten. Mit einem Mixtraining verteilen Sie die Ihnen zur Verfügung stehende Zeit auf mehrere Geräte. Der Vorteil: Unterschiedliche Muskelgruppen werden gefordert. Der Belastungswechsel wirkt sich zudem günstig auf Rücken und Gelenke aus.

Tipp Damit die Fettverbrennung auch funktioniert, sollten Sie Ihr Ausdauerpensum stets vor dem Kraftprogramm absolvieren. Beim Krafttraining produzieren Ihre Muskeln nämlich eine ganze Menge Laktat (Milchsäure), und dieses wirkt dem Fatburning entgegen!

Der so genannte Muskelkater ist die Folge von vielen kleinen Muskelfaserrissen. Bei Trainingsanfängern ist neben der nicht gewohnten Belastung die fehlende Technik die Hauptursache für Muskelkater.

Nach dem Warm-up – Stretching

Dehnübungen gehören nicht nur zum Pflichtprogramm für Kraftsportler, sondern sind auch für das Cool-down nach dem Fatburning unerlässlich. Sie machen den gesamten Bewegungsapparat fit für die nächste Sporteinheit. Die Übungen sollten Sie vor und nach dem Ausdauerteil durchführen – so bauen Sie erhöhte Muskelspannung ab, und Sie beugen Muskelverkürzungen und damit einhergehenden Bewegungseinschränkungen vor (siehe Seite 123ff.).

So machen Sie im Studio eine gute Figur

Lassen Sie sich im Sportgeschäft beraten, welche Schuhmodelle für Sie infrage kommen, und kaufen Sie möglichst keine Billigprodukte – die versagen ihren Dienst schnell, und am Ende sparen Sie keine Mark, sondern zahlen sogar noch drauf.

Jetzt haben Sie alle nötigen Vorbereitungen für ein effektives Kraftprogramm getroffen und könnten eigentlich schon loslegen. Stopp! Ein paar kleine Dinge sollten Sie noch berücksichtigen:

- Ein großes Handtuch ist in den meisten Studios Pflicht. Wer legt sich schon gern in den Schweiß eines anderen Mitglieds?
- Gutes, festes Schuhwerk ist für das Gerätetraining wichtig: Es schützt Fuß- und Kniegelenke.
- Gepolsterte, fingerlose Trainingshandschuhe schützen vor Schwielen und sorgen für einen rutschfesten Griff. Viele Studios bieten sie zum Verkauf an (ab 20 DM).
- Für leistungsorientierte Kraftsportler: Ein breiter Taillengürtel unterstützt die Wirbelsäule bei schweren Übungen wie Kniebeugen, Kreuzheben und anderen stehenden Hantelübungen (zu kaufen in Fitnessstudios oder über World of Wellness, Tel. 0 22 33/97 46 20, zu beziehen).
- Vermeiden Sie Baumwollkleidung, sonst kühlen Sie in Trainingspausen schnell aus: Atmungsaktive Hosen und Oberteile aus hautfreundlichen Chemiefasern (z. B. Coolmax, Drylete, Goretex) sorgen für einen raschen Abtransport des Schweißes.

Beim Training im Studio haben Sie durch die Vielzahl der unterschiedlichen Geräte eine breite Palette an Übungsmöglichkeiten für jede Muskelgruppe.

Die Übungen

So bauen Sie das Training richtig auf

Auf den folgenden Seiten möchte ich Ihnen die Geräte und Trainingshilfen vorstellen, die Sie im Fitnessstudio einsetzen können. Beachten Sie, dass Einsteiger und wenig Geübte zunächst nur an den großen Geräten trainieren sollten. Der Grund: Anfänger verfügen über eine wenig ausgeprägte Motorik. An den Geräten werden Ihre Bewegungen durch die Maschine geführt. Sie können sich deshalb erst einmal mit aller Kraft dem Widerstandstraining widmen und müssen nicht so sehr darauf achten, sauber zu arbeiten.
Wichtig: Die Geräte sind verstellbar. Sie können sie Ihrer Körpergröße und der Arm- und Beinlänge anpassen. Achten Sie also beim Übungswechsel auf die richtige Einstellung.

Um Ihnen die Zusammenstellung Ihres individuellen Programms zu erleichtern, finden Sie am Ende dieses Kapitels einige Beispielpläne zusammengestellt, die Ihnen als Grundlage dienen können (siehe Seite 81ff.).

Hanteln sind für Geübte

Nach zwei, drei Monaten dürfen Sie sich dann langsam am Zugturm versuchen. Dort lernen Sie, mit einem freieren Bewegungsradius umzugehen. Durch die fixierten Rollen haben Sie aber immer noch eine kleine Bewegungsführung.
An die Lang- und Kurzhanteln sollten Sie sich erst wagen, wenn Sie das Training am Turm gut beherrschen. Wenn Sie sich schließlich an die freien Gewichte machen: Bevorzugen Sie zunächst Langhantelübungen. Durch das Zusammenwirken beider Arme haben Sie dabei noch eine gewisse Stabilität. Kurzhanteln hingegen sind für Profis, die bereits ein ausgeprägtes, sicheres Gefühl für das Zusammenspiel ihrer Muskeln entwickelt haben.

Wie viel und wie oft

Es gibt unterschiedliche Meinungen darüber, wie viele Gewichte Sie sich jeweils aufpacken sollten, wie viele Wiederholungen ein Satz hat und wie viele Sätze (Durchgänge) sinnvoll sind. Untersuchungen zu-

Mehr ist nicht unbedingt mehr: Der zweite Satz bringt nicht noch mehr als der erste. Vorausgesetzt, Sie erschöpfen den Muskel wirklich so sehr, dass ihm keine weitere Wiederholung über die angegebene Zahl hinaus möglich ist.

folge ist ein Programm mit nur einem Durchgang pro Übung kaum weniger effektiv als ein Mehr-Satz-Training. Der Schweizer Fitnesspapst Werner Kieser beispielsweise setzt auf das Ein-Satz-System bis zur Muskelerschöpfung, denn laut seiner Erhebungen addieren sich Trainingsreize nicht.

Wiederholungen nach Plan

In den meisten Studios jedoch beginnen schon Einsteiger mit einem Zwei- oder Drei-Satz-Plan. Hier liegen andere Gesetzmäßigkeiten zugrunde als die von Werner Kieser bestimmten. Auch die Sportwissenschaft untermauert das Mehr-Satz-Training: Bei einer Testreihe trainierten drei Gruppen über einen Zeitraum von acht Wochen nach unterschiedlichen Prinzipien. Gruppe eins absolvierte ein isometrisches Training, bei dem der Muskel rund 20 Sekunden gegen einen konstanten Widerstand gehalten wurde. Dabei behält er seine Länge, d. h., es findet keine Bewegung statt. Nach drei Zeit-Sätzen wurde der nächste Muskel angespannt usw. Die zweite Gruppe bekam ein dynamisches Ein-Satz-Programm an Kraftgeräten mit 10 bis 15 Wiederholungen. Die dritte Testgruppe führte von jeder Übung drei Sätze aus (acht bis zwölf Wiederholungen). Das Ergebnis nach zwei Monaten: Gruppe drei hatte den höchsten Kraftzuwachs zu verzeichnen, auf Platz zwei folgte die Ein-Satz-Truppe, und den dritten Rang belegten schließlich die Isometriesportler (siehe Grafik unten).

Sätze	Wiederholungen	Kraftzuwachs in Pfund
3	6	161,3
1	6	156,1
3	10	153,1
2	6	152,9
1	10	151,3

Die Kraftzunahme beim Drei-Satz-Bankdrücken mit sechs Wiederholungen ist um 4,5 Prozent größer als beim Ein-Satz-Programm – dafür dauern drei Sätze aber auch dreimal so lange.

Drei Sätze für den Muskelaufbau

Angesichts dieser Ergebnisse mag es einleuchtend erscheinen, das Ein-Satz-Training vorzuziehen. Schließlich ist die Zeitersparnis in Relation zum kaum geringeren Trainingseffekt des Dreier-Systems frappierend. Andererseits raten Kraftsportexperten wie etwa der Leiter des BSA-Lehrzentrums Johannes Marx immer zu einem Mehr-Satz-Programm. Der Grund: Neuere Forschungen mit Kraftsportprobanden ergaben, dass die Erhebungen von Kieser zwar für den Kraft-, nicht aber für den Massezuwachs gelten.

Das bedeutet also: Wenn Sie lediglich ein bisschen stärker werden wollen, um im Alltag kräftiger zupacken zu können (»Fitnesstraining«), dann ist die Ein-Satz-Methode für Sie die beste. Möchten Sie hingegen an Masse bzw. Umfang zulegen (»Bodybuilding«), dann sollten Sie die Mehr-Satz-Methode anwenden. Marx rät Einsteigern, mit drei Sätzen à acht bis zwölf Wiederholungen zu beginnen. Ambitionierte sollten nach etwa drei bis sechs Monaten aufrüsten. Für sie gilt: Mindestens vier Durchgänge pro Übung, jeweils sechs bis zehn Wiederholungen bis zur Muskelerschöpfung.

Psychischer Stress kann Ihre Leistung beim Training stark beeinflussen. Passen Sie das Training deshalb solchen Tagen an, an denen Sie »unter Strom« stehen. Denn Ihre Gesundheit leidet noch mehr, wenn auch noch körperlicher Stress hinzukommt.

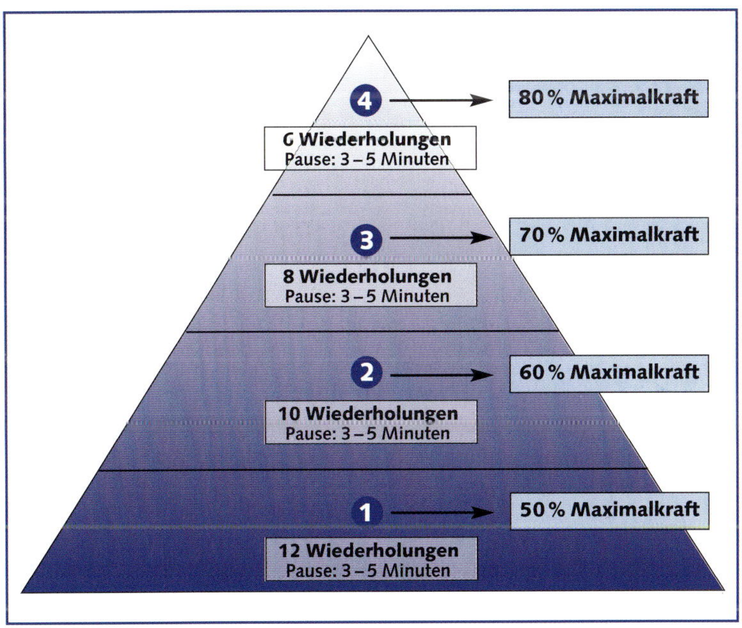

Bei einem Mehr-Satz-Training (Pyramidenprogramm) haben Sie die Möglichkeit, die Anzahl der Wiederholungen zu variieren und damit das Potenzial Ihrer Maximalkraft unterschiedlich stark auszuschöpfen.

Die Erholung im Schlaf sollte nicht unterschätzt werden. Auch Hochleistungssportler bringen nicht mehr Leistung als andere Sportler, wenn sie nicht auch mindestens zwei Stunden mehr schlafen.

Mit Trainingspartner

Wer auch damit noch unterfordert ist, kann alle drei bis vier Wochen ein Maximalkrafttraining (MK-Training) einschieben. Ausführung: Am Ende der jeweiligen Übung suchen Sie sich einen Trainingspartner. Wählen Sie ein Übungsgewicht, dass Sie gerade einmal schaffen. Ihr Partner hilft Ihnen, die aktive Phase der jeweiligen Bewegung auszuführen. Die passive (Rück-)Phase bewältigen Sie allein. Davon machen Sie jeweils nur eine Wiederholung pro Übung.

Mach mal Pause

Zwischen den Durchgängen und nach dem Training sollten Sie relaxen. Für Ihren Trainingserfolg sind »Verschnaufpausen« zwischen den einzelnen Übungssätzen sehr wichtig. Wie lange Sie jeweils entspannen sollten, ist abhängig von Trainingsziel und -grad. Faustregel: Anfänger pausieren länger, Fortgeschrittene brauchen weniger Regenerationszeit. Und wer mit schweren Gewichten arbeitet, sollte sich ebenfalls mehr Zeit lassen als ein Light Worker. Merken Sie sich auch: Muskeln wachsen in den Pausen bzw. in den trainingsfreien Zeiten. Sorgen Sie darum unbedingt für genügend Schlaf und trainingsfreie Tage. Als Neuling sollten Sie sich 48 bis 72 Stunden zwischen den Trainingseinheiten erholen, Geübten reichen 24 bis 36 Stunden.

Relaxationszeiten

Trainingsziel	Intensität von MK*	Pausendauer
Kraftzuwachs	40–70 % von MK	60–120 Sekunden
Kraftausdauer	30–60 % von MK	maximal 15 Sekunden
Massezuwachs (Zirkel)	60–80 % von MK	90–180 Sekunden

* MK (Maximalkraft) = ein Widerstand, der so hoch ist, dass Sie ihn höchstens einmal über den ganzen Übungsspielraum bewältigen können

Einsteigertraining für den Bauch

Crunchgerät

1. Stellen Sie den Sitz so ein, dass sich das Polster auf Brusthöhe befindet. Legen Sie beide Arme darauf ab.

2. Drücken Sie das Polster mit dem Rumpf nach unten. Wichtig: Rollen Sie den Kopf dabei ein. In der Negativphase der Bewegung nur bis zur aufrechten Sitzposition zurückgehen. Nicht mit den Armen am Polster reißen!

Bodenroller

1. Legen Sie sich in das Gestell, und platzieren Sie die Arme am Rahmen. Winkeln Sie die Beine an, und heben Sie sie nacheinander.

2. Rollen Sie nun Wirbel für Wirbel vom Boden ab. Benutzen Sie, falls nötig, die Arme dabei zur Unterstützung, indem Sie Druck auf das Gestell ausüben. Ruckartige Bewegungen vermeiden.

Einsteigertraining für Beine und Po

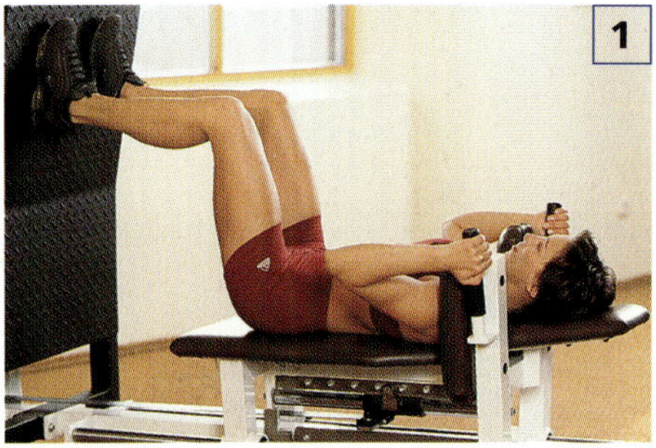

Beinpresse

1. Entfernung Sitz zu Platte so einstellen, dass Sie die Beine in der Endposition gut strecken können. Auf das Polster legen, die Füße etwa hüftbreit voneinander entfernt auf die Platte setzen.

2. Langsam nach vorn drücken und die Beine strecken. Die Knie jedoch nicht durchdrücken. Varianten: Fußabstand breiter oder schmaler wählen oder Füße leicht auswärts gedreht platzieren.

Beinstrecker

1. Sitz und Polster so einstellen, dass sich Ihr Knie genau in der Drehachse des Geräts befindet, Fußspitzen hochziehen.

2. Beine strecken, Knie wie bei der Beinpresse nicht ganz durchdrücken. Wichtig: Nicht mit Schwung arbeiten!

Einsteigertraining für Beine und Po

Beinbeuger

1. Bauchlage, die Knie ragen über die Liege hinaus. Beine unter das Polster bringen.

2. Nun die Beine langsam anbeugen. Aufgepasst: Den Kopf gerade halten, nie in den Nacken rollen! Ihre Hüften sollten immer Kontakt zur Liege haben.

Glutaeustrainer

1. Knien Sie sich mit einem Bein aufs Polster. Die Unterarme ablegen und den anderen Fuß auf die Aufnahmeplatte setzen.

2. Führen Sie nun das Bein gegen den Widerstand so weit nach oben, bis Oberschenkel und Rumpf eine Linie bilden (Hohlkreuz vermeiden!).

Einsteigertraining für Beine und Po

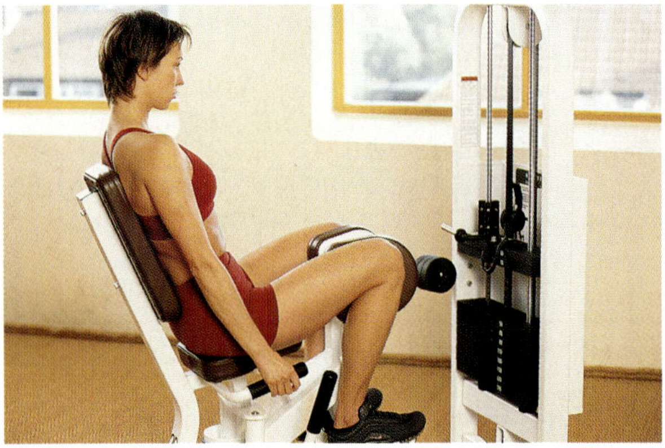

Adduktor (oben)
Setzen, den unteren Bereich des Rückens fest an die Lehne drücken. Die Innenseiten der Knie und Füße an die Polster legen, den unteren Rücken an die Lehne pressen. Beine zusammendrücken.

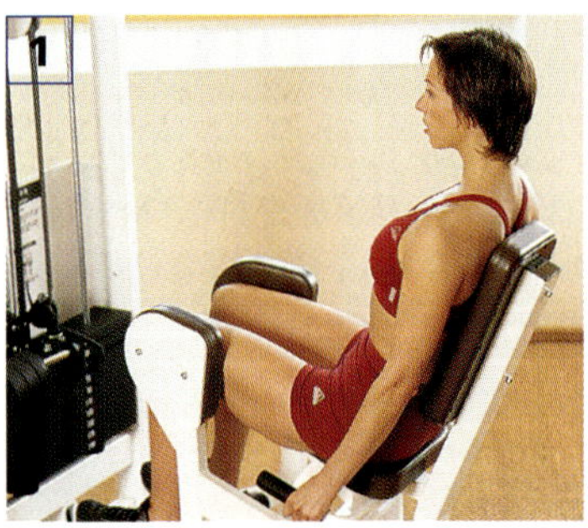

Abduktor (rechts)
1. In das Gerät setzen. Knie und Füße an die Polster drücken.

2. Beine öffnen und gegen den Widerstand nach außen pressen. Achtung: Langsam vorgehen. Wenn Sie hier mit Schwung arbeiten, könnten Sie ins Hohlkreuz kommen und Ihre Wirbelsäule schädigen.

Wadentrainer (oben)
1. Polster in der Höhe so einstellen, dass Sie mit gestreckten Beinen darunter passen. Die Fußballen auf die Erhöhung setzen.

2. Die Füße hochbringen, auf die Zehen stellen und langsam wieder absenken. Variante: Füße mal leicht einwärts, mal leicht auswärts gedreht aufsetzen.

Einsteigertraining für den Rücken

Latzug

1. Sitzhöhe so justieren, dass die Knie dicht unter dem Polster klemmen. Stange etwa doppelt schulterbreit fassen, hinsetzen.

2. Metall in den Nacken ziehen, dann betont langsam zurücklassen. Variante: Stange vor dem Kopf zur Brust ziehen, dabei den Rumpf leicht zurücklehnen.

Ruderzug

1. Nehmen Sie auf dem Sitz Platz. Greifen Sie die Zughilfe, und strecken Sie die Beine, ohne die Knie durchzudrücken.

2. Ziehen Sie die Stange knapp unter Brusthöhe zum Körper, die Ellbogen zeigen nach außen. In der Endposition die Schultern bewusst zurückziehen. Wichtig: Den Rücken immer gerade halten.

Einsteigertraining für den Rücken

Rückenstrecker

1. Hinsetzen und den Gurt fest anlegen.

2. Das Polster langsam mit dem Rumpf nach hinten drücken, dabei nicht ins Hohlkreuz gehen. Achten Sie darauf, Ihre Hüften parallel zur Drehachse des Geräts zu bewegen.

Hyperextensions (links)

1. Füße in die Polster klemmen. Den unteren Bauchbereich gegen das Polster pressen, das Becken muss überstehen und frei beweglich sein.

2. Arme vor der Brust kreuzen und den Rumpf absenken.

Enger Vertikalzug

Doppelgriff von oben fassen, aufrecht hinsetzen und die Brust ein wenig rausdrücken. Griff zur Brust ziehen, die Ellbogen dabei eng am Körper führen.

Einsteigertraining für die Brust

Horizontalpresse

1. Sitz in der Höhe so justieren, dass sich die Griffe knapp unter Schulterhöhe befinden.

2. Gestange nach vorn pressen, in der Endposition die Ellbogen nicht durchdrücken.

3. Die meisten Geräte bieten zwei oder mehr Griffvarianten an. Nutzen Sie diese, und wechseln Sie von Training zu Training den Griff – dadurch werden die Brustmuskeln in immer wieder anderen Winkeln belastet.

Einsteigertraining für die Brust

Butterfly

1. Die Höhe des Sitzes ist optimal, wenn Sie die Arme an die Polster legen und dabei Ober- und Unterarm jeweils einen rechten Winkel bilden.

2. Polster langsam zusammenführen.

Vertikalpresse

1. Rückenlage, Beine anheben oder Füße auf die Bank stellen. Griffe etwas unter Schulterhöhe fassen.

2. Nun das Gestänge hochdrücken. Arme zum Schluss nicht ganz durchstrecken.

Einsteigertraining für die Schulter

Nackendrücken (links)
Aufrechter Sitz, Griffe seitlich knapp unter Schulterhöhe. Arme strecken, jedoch nicht durchdrücken. Den Kopf dabei nicht zur Seite oder nach unten bewegen, sondern gerade halten und nach vorn schauen.

Seitheben (oben)
Sitz justieren, die Schultern müssen auf Höhe der Drehachse des Geräts sein. Griffe fassen, Arme anwinkeln und bis auf Schulterhöhe führen.

1

2

Backfly
1. Gegenspieler zum Butterfly. Hinsetzen und die Körperfront an das Polster drücken. Arme heben, rechtwinklig beugen und an die Polster legen.

2. Die Arme nach hinten führen, bis sie sich auf einer Linie mit dem Rumpf befinden.

Einsteigertraining für Tri- und Bizeps

Trizeps – Streckerzug (links)

1. Stellen Sie sich mit dem Rücken an das Polster. Greifen Sie die Stange, und halten Sie die Oberarme eng am Körper.

2. Die Unterarme nach unten strecken, dabei die Rumpfmuskeln anspannen. Wichtig: Die Oberarme ruhig halten.

Bizeps – Beugermaschine (oben)

1. Sitz so einstellen, dass die Achseln mit der Brettkante abschließen.

2. Gegen den Widerstand die Unterarme anbeugen. Wichtig: Die Schultern nicht hochziehen, sondern unten halten.

Der Zugturm – für Fortgeschrittene

Dieses Gerät ist ein wahres Allroundtalent: In die Karabinerhaken am oberen und unteren Ende der Rollenzüge können Sie die unterschiedlichsten Griffe, Stangen und Manschetten einklinken. Mit den Anleitungen auf den folgenden Seiten trainieren Sie alle Hauptmuskelgruppen Ihres Körpers.

Der Zugturm ist ein sehr vielfältiges Trainingsgerät. Mehr als 25 Übungen können daran durchgeführt werden.

Trainiert Rumpf und Arme

Der Schwerpunkt des Turmprogramms liegt jedoch auf der Beanspruchung von Rumpf- und Armmuskulatur. Ein großer Vorteil des Seilzugworkouts: Durch minimale Veränderungen Ihrer Körperhaltung, beispielsweise durch stärkeres Vorbeugen des Oberkörpers oder leichtes Schrägstellen zum Gerät, können Sie jede Übung in immer wieder unterschiedlichen Winkeln ausführen. So setzen Sie ständig neue Trainingsreize, worauf die Muskeln mit harmonischem Kraft- und Massezuwachs reagieren.

Es ist sehr wichtig, während des Trainings viel zu trinken. Nur so kann der Elektrolythaushalt wieder ausgeglichen werden. Gut geeignet sind Wasser und mit Wasser verdünnte Fruchtsäfte.

Am Zugturm für den Bauch

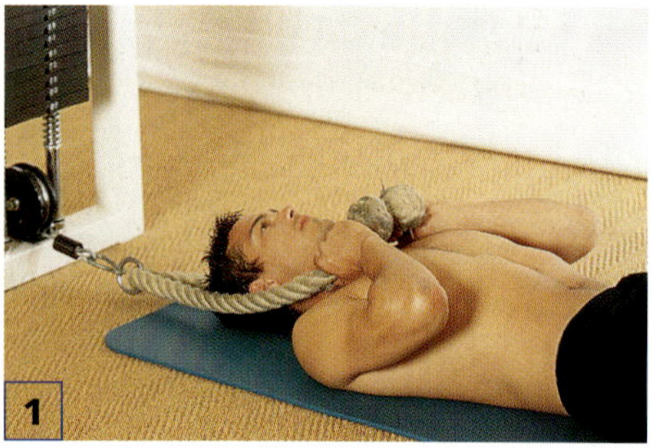

Taucrunches (oben)

1. Seil einhaken, auf den Rücken legen und Beine anwinkeln. Knoten vor die Brust ziehen.

2. Rumpf 10 bis 15 Zentimeter aufrichten und wieder abrollen. Mit wenig Widerstand anfangen – schließlich müssen Sie ja schon das Gewicht Ihres Rumpfs bewegen.

Bogencrunches (rechts)

1. Greifen Sie die beiden Knoten des Taus, und gehen Sie auf die Knie.

2. Führen Sie den Rumpf gegen den Widerstand nach unten. Dabei beschreibt Ihr Oberkörper einen leichten Bogen. Achtung: Der Widerstand sollte mindestens die Hälfte Ihres Körpergewichts betragen!

Am Zugturm für den Rücken

Ruderzug von oben (links)

1. Den Bügelzuggriff (alternativ: Dreh- oder Latstange) einhaken, festhalten und auf die Knie gehen.

2. Griff zur Brust ziehen und wieder hochführen. Achtung: Rundrücken vermeiden!

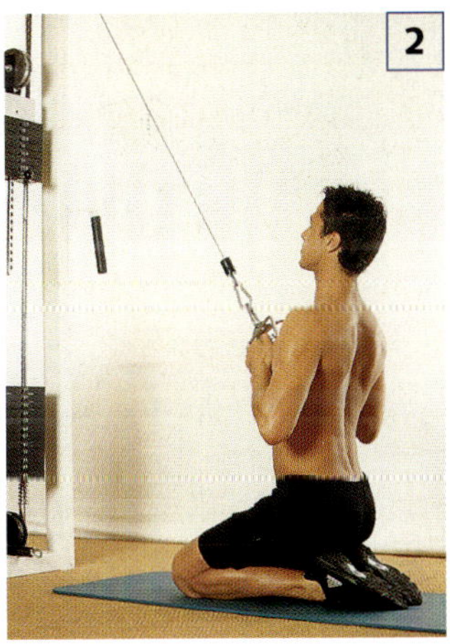

Frontaler Langzug (rechts)

1. Schrittstellung, Beine leicht beugen, Rumpf etwas vorneigen.

2. Tau greifen und mit gestreckten Armen seitlich an den Hüften vorbeiziehen.

Am Zugturm für Brust und Schulter

Brust – Crosszüge am Doppelturm

1. Griffe fassen und Beine hüftbreit auseinander aufstellen.

2. Die Unterarme nach unten ziehen. Wichtig: Die Oberarme dabei an den Körper pressen.

Schulter – Seitheben

1. Singlegriff einklinken. Stabiler Grätschstand, eine Hand in die Seite stützen und den Griff fassen.

2. Den Arm beugen, dann anheben, bis sich Hand und Ellbogen etwa auf Schulterhöhe befinden. Variante: Wenn Sie den Arm statt zur Seite eher frontal anheben, trainieren Sie überwiegend den vorderen Teil des Deltamuskels.

Am Zugturm für den Trizeps

Einarmiger Zug
1. Bügel greifen, den Oberarm eng am Körper halten.

2. Den Unterarm strecken. Wichtig: Die Hand während der Übung in einer Linie mit dem Unterarm fixieren (»Nullposition«).

Überkopfzüge
1. Mit dem Rücken zum Gerät stellen. Tau festhalten, den Rumpf vorbeugen.

2. Die Unterarme vorstrecken. Halten Sie die Ellbogen während der Bewegung dicht am Kopf, die Oberarme werden beim Überkopfzug nicht mitbewegt.

Am Zugturm für den Bizeps

Doppelcurls

1. Beine parallel stellen und leicht beugen. Die Drehstange mit beiden Händen greifen.

2. Die Unterarme hochziehen. Auch hier die Ellbogen an den Körper pressen.

Singlecurls

1. Stabiler Stand, die Rumpfmuskeln anspannen.

2. Den Unterarm langsam anbeugen. Der Oberarm des aktiven Arms bleibt währenddessen unbewegt.

Am Zugturm für Beine und Po

Ab- und Adduktoren

1. Für die Beinaußenseite: Manschette anlegen, seitlich zum Gerät stellen und am Rahmen festhalten. Das gestreckte Bein nach außen abspreizen.

2. Für die Beininnenseite: Das andere Bein über das Standbein nach außen führen.

Beinbacklift

1. Gut für den Po. Aufrechter Stand, mit beiden Händen am Gerät festhalten.

2. Bein durchstrecken und gerade nach hinten führen. Dabei Hohlkreuzhaltung vermeiden!

Für Profis – Powertraining mit Hanteln

Hantelvarianten sind die gewellten SZ- oder Eingriffstangen. Durch die Krümmungen darin haben Sie je nach Griff einen anderen Angriffswinkel – der Muskel wird somit unterschiedlichen Reizen ausgesetzt.

Mit den kurzen und langen Eisenpaketen kräftigen und formen Sie vor allem die Muskeln an Rücken, Brust, Schultern und Armen. Wie bereits am Anfang dieses Übungsteils erwähnt: Hantelworkouts sind nur für Kraftsportler mit Trainingserfahrung geeignet.

Unverzichtbar – gute Vorbereitung

Gehen Sie nicht zum Powerprogramm über, wenn Sie nicht mindestens ein halbes Jahr an Geräten und Zugturm gearbeitet haben. Das gilt besonders für die kurzen Gewichte, denn diese verlangen der Motorik Ihrer Muskeln einiges ab, damit die Bewegungen sauber bleiben und dadurch die Verletzungsgefahr gering gehalten wird.
Tasten Sie sich langsam an die Widerstände der jeweiligen Übung heran. Auch, wenn eine mit Scheiben gespickte Hantel mehr Eindruck macht als eine Stange ohne oder mit wenig Gewicht: Starten Sie immer mit leichtem Widerstand!

Ob Sie mit Lang- oder Kurzhanteln arbeiten sollten, hängt nicht nur von Ihrem Trainingsziel, sondern auch von Ihren Vorlieben ab. Probieren Sie es einfach aus!

Mit Langhanteln für Beine und Po

Kniebeuge

1. Stange auf dem Nacken ablegen. Beine breit grätschen, die Fußspitzen leicht auswärts drehen.

2. Den Oberkörper vertikal absenken, dabei die Beine beugen, bis Ober- und Unterschenkel etwa einen 90-Grad-Winkel bilden. Wichtig: Der Rücken bleibt während der Bewegung immer gerade. Die Knie dürfen am Ende nicht über die Fußspitzen hinausragen, sonst riskieren Sie ernste Verletzungen an diesem Gelenk.

Ausfallschritte (links)

Stange wieder im Nacken platzieren. Aus dem Parallelstand einen großen Schritt nach vorn machen. In der Endposition bilden Ober- und Unterschenkel beider Beine im Idealfall einen rechten Winkel.

Wadenwippe (rechts)

Stellen Sie sich mit den Fußballen und Zehen auf eine kleine Erhöhung. Drücken Sie sich aus den Ballen nach oben ab, und senken Sie die Fersen wieder. Die Füße haben dabei einen etwa hüftbreiten Abstand.

Mit Langhanteln für den Rücken

Hantelrudern mit engem Griff

1. Die Stange zwischen die Beine legen und innen vor den Scheiben fassen. Sie stehen dabei in einer breiten Grätsche. Die Beine sind gebeugt, der gerade (!) Rumpf ist vorgeneigt.

2. Hantelende zur Brust ziehen.

Unterstütztes Rudern (links)
Für Sportler mit Rückenproblemen: Wenn's mal kneift im Kreuz – so können Sie den Rücken entlasten. Legen Sie sich auf eine höhere Flach- oder Schrägbank. Die Stange breit greifen und hochziehen.

Hantelrudern breit (rechts)
Schwere Variante zur vorigen Übung. Gleiche Körperhaltung, die Stange mit beiden Händen weit außen greifen und zum Körper ziehen.

Mit Langhanteln für die Brust

Flachbankdrücken
1. Rückenlage, Füße auf das Ende der Bank setzen. Alternativ dazu können Sie, vor allem bei Problemen an der Wirbelsäule, auch die Beine beugen, anheben und kreuzen. Die Stange außen fassen.

2. Die Stange aus der Ablage heben und zur Brustmitte absenken.

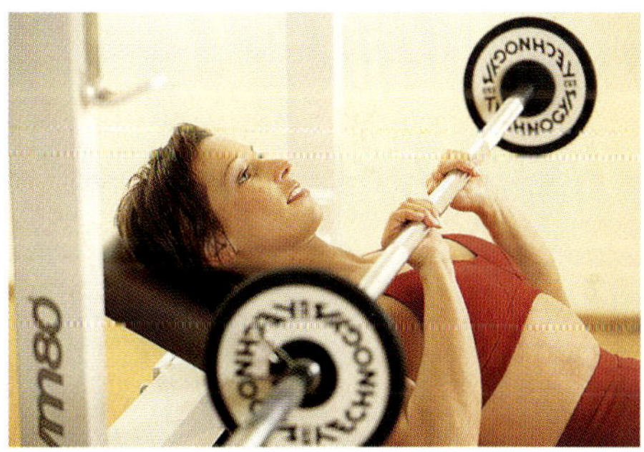

Drücken auf der Schrägbank (positive Neigung)
Je höher Sie die Bank einstellen, desto mehr beanspruchen Sie die oberen Muskelpartien und die Schultern. Die Ausführung ist die gleiche wie beim Flachbankdrücken, Füße nach Möglichkeit erhöht platzieren.
Nicht in jedem Studio vorhanden ist die Schrägbank mit negativer Neigung. Diese Variante stärkt schwerpunktmäßig die unteren Brustpartien. Ausführung siehe Flachbankdrücken.

Enges Bankdrücken
Wenn Sie die Übung mit engem Griff ausführen (Handabstand ca. 10 bis 15 Zentimeter), beanspruchen Sie die inneren Bereiche der Brustmuskeln und den Armstrecker (Trizeps) stärker. Diese Variante können Sie sowohl auf einer flachen als auch auf einer schrägen Bank ausführen.

Mit Langhanteln für Schultern und Nacken

Nackendrücken

1. Aufrechter Sitz, den Rücken (vor allem den Lendenbereich) an die Lehne drücken. Stange außen neben den Schultern greifen.

2. Stange aus der Verankerung heben, Arme über Kopfhöhe strecken. Den Kopf dabei gerade halten und nicht zur Seite schauen!

Kinnheben

1. Hantel von oben greifen, Hände etwa 15 Zentimeter auseinander.

2. Gewicht unter das Kinn führen, die Ellbogen zeigen dabei nach außen. Achtung: Diese Übung nicht bei Verkürzungen des Trapezmuskels oder bei Schulterbeschwerden ausführen!

Mit Langhanteln für Schultern und Nacken

Heben frontal

1. Stange ohne oder nur mit leichtem Gewicht schulterbreit greifen.

2. Gewicht auf Schulterhöhe heben. Nicht mit dem Oberkörper hin- und herschwanken – am besten stellen Sie sich für diese Übung mit dem Rücken an eine Wand.

Schulterheben

1. Hantel ein wenig über Schulterbreite in die Hände nehmen und ganz gerade hinstellen.

2. Heben Sie jetzt die Schultern an, die Arme bleiben dabei gestreckt.

Mit Langhanteln für den Trizeps

1

2

Drücken in Rückenlage
1. Füße auf die Bank stellen. Hantel knapp schulterbreit greifen und die Arme senkrecht nach oben bringen.

2. Nur die Unterarme absenken, die Oberarme verharren in der Ausgangsposition.
In manchen Studios werden Sie auch ovale Eingriffstangen finden, die speziell für das Trizepsworkout vorgesehen sind. Diese ermöglichen eine neutrale Handposition und sind für Sportler mit schwachen Gelenken besser geeignet.

1

2

Drücken im Sitzen
1. Arme senkrecht nach oben strecken.

2. Gewicht hinter den Kopf absenken und wieder hochführen. Hände nicht im Gelenk abwinkeln, sondern immer gerade fixiert halten.

Mit Langhanteln für den Bizeps

Klassikcurl

1. Hantel im Untergriff schulterbreit fassen, Arme eng an den Körper legen.

2. Unterarme mit dem Gewicht beugen. Varianten: Verändern Sie die Griffweite, um mal mehr den inneren, mal mehr den äußeren Bizepskopf zu beanspruchen. Sie können die Stange auch von oben greifen – das fordert die Unterarme stärker.

Scottcurl mit SZ-Stange

1. An diesem Spezialpult werden die Armbeuger besonders hart beansprucht. Sitz so tief einstellen, dass die Achseln mit dem oberen Rand des Pults abschließen.

2. SZ-Stange aus der Ablage heben, Oberarme an die Auflage pressen und Unterarme beugen.

Tipp Nutzen Sie von Training zu Training jeweils eine andere Griffposition.

Mit Langhanteln für die Unterarme

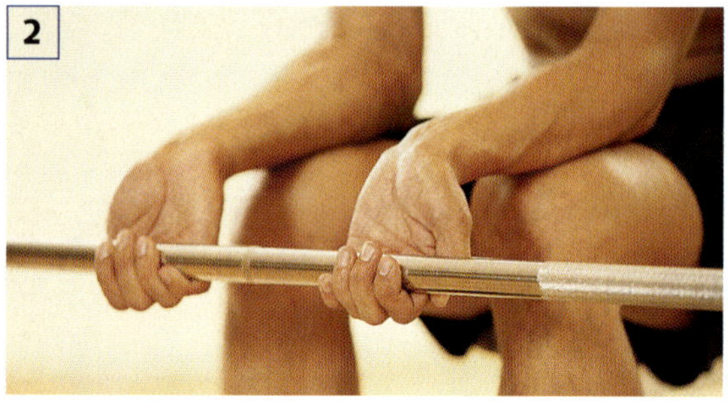

Strecker- und Flexorentraining

1. Für die Beuger: Setzen Sie sich auf eine Bank, und legen Sie die Unterarme auf den Oberschenkeln ab. Hände nun nach oben einrollen.

2. Anschließend die Hände langsam öffnen und die Hantel auf die Finger rollen lassen.

3. Für die Strecker: Unterarme andersherum auf den Beinen ablegen. Hände mit dem Gewicht nach oben führen.

4. Hantelstange langsam nach unten absenken und Hände einrollen.

Mit Kurzhanteln für Beine und Po

Kniebeuge

1. Die Gewichte neben dem Körper halten, Beine grätschen und leicht gebeugt halten.

2. Rumpf senkrecht nach unten führen, den Rücken dabei gerade und aufrecht halten.

Ausfallschritt

1. Halten Sie die beiden Kurzhanteln jeweils in einer Hand zu beiden Seiten des Körpers, Arme gestreckt.

2. Machen Sie einen großen Schritt nach vorn, und senken Sie den Oberkörper ab. Geübte können den Ausfall auch rückwärts durchführen.

Mit Kurzhanteln für den Rücken

Kurzhantelrudern

1. Schrittstellung. Mit einer Hand auf einer Bank oder dem Knie abstützen, den aktiven Arm lang lassen.

2. Gewicht zum Körper ziehen, dabei in der Endposition die Schulter bewusst zurücknehmen.

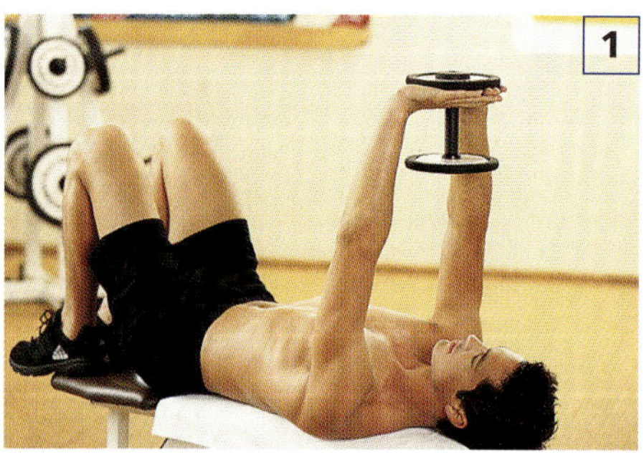

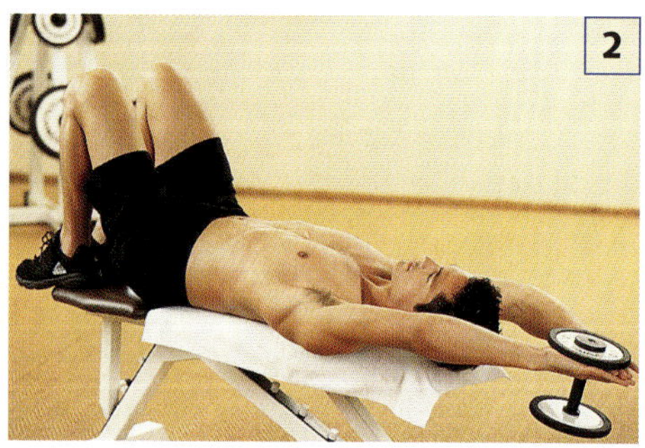

Pullover

1. Legen Sie sich auf eine Bank, der Hinterkopf schließt mit dem Rand ab. Beine aufstellen, die Hände innen gegen die Scheiben legen und die Arme hochstrecken.

2. Arme nun ein wenig gebeugt nach hinten führen, bis sie etwa auf Kopfhöhe sind.

Mit Kurzhanteln für die Brust

Fliegende Bewegungen

1. Auf eine Flach- oder Schrägbank legen. Füße erhöht platzieren und Arme hochstrecken, Hanteln parallel zueinander.

2. Arme weit öffnen, die Ellbogen sind dabei nur leicht gebeugt.

Bankdrücken

1. Gleiche Ausgangsposition wie bei der vorigen Übung, die Hanteln zunächst mit den Enden zueinander halten.

2. Langsam bis auf Schulterhöhe absenken, die Arme dabei stark beugen. Variante: Auf der Schrägbank wird die obere Brustpartie stärker beansprucht.

Mit Kurzhanteln für die Schultern

Nackendrücken

1. Gerader Sitz. Beine aufstellen und die Hanteln nach oben führen.

2. Hanteln allmählich bis auf Schulterhöhe absenken.

3. Für Geübte: Gewichte nach dem Absenken vor den Körper bringen, dann wieder ausdrehen und erneut hochdrücken.

Mit Kurzhanteln für die Schultern

Seitheben

1. Anfänger führen diese Übung im Sitzen aus, Fortgeschrittene dürfen sich hinstellen. Arme neben dem Körper halten und leicht anwinkeln.

2. Zur Seite anheben, bis sich Ellbogen und Handgelenke auf Schulterhöhe befinden. Wichtig: Schultern nicht hochziehen, nur die Arme bewegen!

Frontheben (links)

Ausführung wie Seitheben, jedoch nach vorn.

Heben in Vorbeuge

1. Auf das vordere Ende einer Bank setzen. Den Oberkörper auf den Beinen ablegen, Hanteln unter den Schenkeln zusammenführen.

2. Arme um 90 Grad beugen und anschließend bis auf Rumpfhöhe nach oben bringen.

Mit Kurzhanteln für Tri- und Bizeps

Trizeps – Drücken beidarmig (sitzend)
1. Hantelscheibe fassen und Arme hinter dem Kopf beugen.

2. Unterarme hochstrecken. Wichtig: Halten Sie die Oberarme während der Bewegung dicht am Kopf.

Trizeps – Drücken beidarmig (liegend)
1. In der Rückenlage die Hanteln senkrecht hochstrecken.

2. Die Unterarme abwärts führen, die Gewichte befinden sich in der Endposition der Übung neben dem Kopf.

Mit Kurzhanteln für Tri- und Bizeps

Trizeps – Kickbacks

1. Schrittstellung. Mit einer Hand auf einer Bank oder dem Oberschenkel abstützen. Der Rumpf ist vorgeneigt, der Hantelarm gebeugt.

2. Gewicht und Unterarm nach hinten wegstrecken, dabei den Oberarm ruhig halten.

Bizeps – Klassikcurl, alternierend

1. Aufrechter Sitz, den Rücken zur Entlastung an das Polster drücken. Arme neben dem Körper nach unten strecken.

2. Hanteln abwechselnd anheben, dabei jeweils nur den Unterarm bewegen, den Oberarm am Körper fixiert halten. Achtung: Nicht mit Schwung arbeiten!

Mit Kurzhanteln für Tri- und Bizeps

Hammercurl

1. Stabile Standposition, Beine leicht gebeugt. Den geraden rechten Arm mit der Hantel nach unten strecken.

2. Den Unterarm beugen und das Eisen vor dem Körper zur linken Schulter führen. Seitenwechsel.

Intensivcurl

1. Grätschsitz, Rumpf nach vorn neigen. Den Ellbogen des aktiven Arms innen an den Schenkel pressen und die freie Hand auf das Knie stützen.

2. Den Arm beugen.

Trainingspläne für Anfänger

Kraftzuwachs

- **Intensität:** 40–70 % der Maximalkraft
- **Durchgänge:** 2–3
- **Wiederholungen:** 6–10, sehr langsam
- **Pausen:** 90–120 Sekunden

Gesamtdauer einer Trainingseinheit:
45–60 Minuten

Übungen: 11 Geräte, in dieser Reihenfolge auszuführen:

1. Bauch: Crunchgerät
2. Beine: Beinpresse, Beinbeuger, Ab- und Adduktormaschine
3. Rücken: Latzug, Ruderzug
4. Brust: Horizontalpresse
5. Schultern: Nackendrücken
6. Trizeps: Streckermaschine
7. Bizeps: Beugermaschine

Kraftausdauer

- **Intensität:** 30–60 % der Maximalkraft
- **Durchgänge:** 2–3 Zirkel
- **Wiederholungen:** 15–25, zügig
- **Pausen:** maximal 15 Sekunden

Gesamtdauer einer Trainingseinheit:
20–30 Minuten

Übungen: 10 Geräte, als Zirkel in dieser Reihenfolge auszuführen:

1. Bauch: Bodenroller
2. Beine/Po: Beinpresse
3. Rücken: Latzug
4. Beine: Beinbeuger
5. Brust: Horizontalpresse
6. Rücken: Ruderzug
7. Schultern: Nackendrücken
8. Beine: Beinstrecker
9. Trizeps: Streckermaschine
10. Bizeps: Beugermaschine

Massezuwachs

- **Intensität:** 60–80 % der Maximalkraft
- **Durchgänge:** 2–3
- **Wiederholungen:** 8–12, langsam/stetig
- **Pausen:** 120–180 Sekunden

Gesamtdauer einer Trainingseinheit:
60–90 Minuten

Übungen: 11 Geräte, in dieser Reihenfolge auszuführen:

1. Bauch: Crunchgerät
2. Beine: Beinpresse, Beinbeuger, Beinstrecker
3. Rücken: Latzug, Ruderzug
4. Brust: Horizontalpresse, Butterfly
5. Schultern: Nackendrücken
6. Trizeps: Streckermaschine
7. Bizeps: Beugermaschine

Trainingspläne für Fortgeschrittene

Kraftzuwachs

- **Intensität:** 40–70 % der Maximalkraft
- **Durchgänge:** 3–4
- **Wiederholungen:** 6–10, sehr langsam
- **Pausen:** 60–90 Sekunden

Gesamtdauer einer Trainingseinheit:
75–100 Minuten

Übungen: 15 Geräte, in dieser Reihenfolge auszuführen:

1. Bauch: Crunchgerät oder Bodenroller
2. Beine: Beinpresse, Kniebeuge, Beinbeuger, Beinstrecker
3. Rücken: Latzug, Ruderzug
4. Brust: Horizontalpresse, Butterfly
5. Schultern: Nackendrücken mit Kurz- oder Langhantel, Seitheben mit Kurzhanteln oder am Zugturm
6. Trizeps: Drücken am Zugturm, Kurzhanteldrücken einarmig
7. Bizeps: Langhantelcurls und Kurzhantelcurls

Kraftausdauer

- **Intensität:** 30–60 % der Maximalkraft
- **Durchgänge:** 3–4 Zirkel
- **Wiederholungen:** 15–25, zügig
- **Pausen:** maximal 10 Sekunden

Gesamtdauer einer Trainingseinheit:
25–35 Minuten

Übungen: 12 Geräte, als Zirkel in dieser Reihenfolge auszuführen:

1. Bauch: Bodenroller
2. Beine/Po: Kniebeuge
3. Rücken: Latzug
4. Brust: Flachbankdrücken/Langhantel
5. Beine/Po: Beinpresse
6. Schultern: Nackendrücken
7. Trizeps: Drücken am Zugturm
8. Beine: Beinstrecker
9. Brust: Butterfly
10. Bizeps: Beugermaschine
11. Beine: Wadentrainer
12. Rücken: Ruderzug

Massezuwachs

- **Intensität:** 60–80 % der Maximalkraft
- **Durchgänge:** 3–4
- **Wiederholungen:** 8–12, langsam/stetig
- **Pausen:** 90–120 Sekunden

Gesamtdauer einer Trainingseinheit:
95–120 Minuten

Übungen: 14 Geräte, in dieser Reihenfolge auszuführen:

1. Bauch: Bodenroller
2. Beine: Kniebeuge oder Beinpresse, Beinbeuger, Beinstrecker
3. Rücken: Latzug, Kurzhantelrudern
4. Brust: Bankdrücken/Langhantel, Schrägbankdrücken/Kurzhantel
5. Schultern: Nackendrücken/Langhantel, Seitheben/Kurzhantel
6. Trizeps: Drücken am Turm, Kurzhanteldrücken liegend
7. Bizeps: Langhantelcurls und Kurzhantelcurls

Trainingspläne für Geübte

Kraftzuwachs

- **Intensität:** 40–70 % der Maximalkraft
- **Durchgänge:** 4–5
- **Wiederholungen:** 6–10, sehr langsam
- **Pausen:** 60 Sekunden

Gesamtdauer einer Trainingseinheit:
95–120 Minuten

Übungen: 16 Geräte, in dieser Reihenfolge auszuführen:

1. Bauch: Crunchgerät oder Bodenroller
2. Beine: Kniebeuge, Beinpresse, Beinbeuger, Ab- und Adduktor
3. Rücken: Latzug, Langhantelrudern eng oder breit oder Pullover
4. Brust: Schrägbankdrücken/Langhantel, Fliegende Bewegungen/Kurzhantel
5. Schultern: Nackendrücken mit Kurz- oder Langhantel, Seitheben mit Kurzhanteln oder am Zugturm
6. Trizeps: Drücken am Zugturm, Kickbacks
7. Bizeps: Langhantelcurls, Intensivcurls

Kraftausdauer

- **Intensität:** 30–60 % der Maximalkraft
- **Durchgänge:** 4 Zirkel
- **Wiederholungen:** 20–25, zügig
- **Pausen:** maximal 5 Sekunden

Gesamtdauer einer Trainingseinheit:
35–40 Minuten

Übungen: 13 Geräte, als Zirkel in dieser Reihenfolge auszuführen:

1. Bauch: Bodenroller
2. Beine/Po: Kniebeuge
3. Rücken: Latzug
4. Brust: Flachbankdrücken/Langhantel
5. Beine/Po: Beinpresse
6. Schultern: Nackendrücken/Kurzhantel
7. Trizeps: Drücken am Zugturm
8. Beine: Beinstrecker
9. Brust: Butterfly/Kurzhantel
10. Bizeps: Beugermaschine
11. Beine: Adduktor, Wadentrainer
12. Rücken: Ruderzug

Massezuwachs

- **Intensität:** 60–80 % der Maximalkraft
- **Durchgänge:** 4–5
- **Wiederholungen:** 8–12, langsam/stetig
- **Pausen:** 90 Sekunden

Gesamtdauer einer Trainingseinheit:
115–140 Minuten

Übungen: 16 Geräte, in dieser Reihenfolge auszuführen:

1. Bauch: Bodenroller
2. Beine: Kniebeuge, Beinpresse, Beinbeuger, Ab- und Adduktoren
3. Rücken: Latzug, Langhantelrudern breit
4. Brust: Bankdrücken/Kurzhantel, Schrägbankdrücken/Kurzhantel
5. Schultern: Nackendrücken/Kurzhantel, Seitheben/Kurzhantel oder Heben in Vorbeuge/Kurzhantel
6. Trizeps: Drücken am Zugturm/Kickbacks
7. Bizeps: Kurzhantelcurls, Intensivcurls oder Hammercurls

Training im Studio und zu Hause

Fitnessstudios unter der Lupe

Rund 7000 privat betriebene Fitnessanlagen gibt es heute in Deutschland, auch zahlreiche Sportvereine haben den Trend erkannt und bieten Möglichkeiten zum Krafttraining an. Diese Sportstätten sind ganz unterschiedlich ausgestattet und unterscheiden sich auch im Angebot ganz erheblich. Darum ist es wichtig, dass Sie sich zunächst darüber klar werden, was Ihnen Ihr Fitnessstudio bieten soll. Testen Sie deshalb unbedingt mehrere Anlagen, bevor Sie sich entscheiden und einen Mitgliedsvertrag unterschreiben.

In einem guten Fitnessstudio hat man immer Zeit für Sie. Der Trainer oder die Trainerin stellt nach Ihren Wünschen und Zielen ein speziell auf Sie abgestimmtes Übungsprogramm zusammen.

Das sollten Sie vor der Anmeldung beachten

Die meisten Betreiber nehmen für das Probetraining 10 bis 20 DM, die Ihnen jedoch bei Vertragsabschluss angerechnet werden. In diesem Testlauf können Sie häufig nicht nur das Training an den Geräten kennen lernen, sondern auch das Kursangebot ausprobieren. Gehen Sie zu einer Tageszeit zum Probetraining, zu der Sie auch später Sport treiben werden: Meist sind die Studios ab 18 Uhr, zum Wochenanfang und vor dem Wochenende am stärksten frequentiert.

Die Qualifikation der Trainer

In guten Fitnessstudios können die Trainerinnen und Trainer Lizenzen beispielsweise folgender anerkannter Organisationen und Verbände vorweisen:

- BSA-Akademie (Tel. 0 68 03/9 94 40)
- Deutscher Fitness- und Aerobicverband (Tel. 02 28/72 53 00)
- Deutscher Sportstudioverband (Tel. 0 40/7 66 24 00)
- Deutscher Turnerbund (Tel. 0 69/67 80 10)
- Internationale Fitness & Aerobic Akademie (Tel. 0 62 02/2 75 10)
- SAFS/BETA School for Professionals (Tel. 06 11/15 79 80)

Wichtig – der erste Check-up

Bekommen Sie einen ersten Check-up, der Ihre momentane körperliche Verfassung und somit Ihre Leistungsfähigkeit feststellt? Ein solcher Test sollte die Grundlage Ihres Trainingsprogramms bilden. Dabei werden meist Blutdruck und Ruhepuls vor und nach Belastung gemessen. Außerdem sollte der Trainer einen Flexibilitätstest durchführen, um muskuläre Dysbalancen festzustellen (z. B. Verkürzungen; treten häufig in den Bereichen Hüftbeuger, unterer Rücken, Brust, hinterer Oberschenkel und Wade auf) und um Ihnen ein passendes Stretchingprogramm auszuarbeiten (siehe Seite 123ff.).

Eine Fitnessberatung ist sehr wichtig für den Trainingsanfänger. Sie deckt die Bereiche Ernährung, Fitness und Gesundheit ab. Wünschenswert wäre es, wenn das Training zumindest am Anfang permanent begleitet und kontrolliert werden könnte.

Fragen zum Geräte- und Kursangebot

- Sind viele Gerätetypen mehrfach vorhanden, oder müssen Sie im Cardio- und Kraftbereich mit Wartezeiten rechnen?
- Machen die Geräte einen sauberen und gepflegten Eindruck, laufen sie geräuscharm? Werden sie regelmäßig gewartet?
- Sind die Abstufungen der Widerstände an den Kraftmaschinen für Sie geeignet? Manche Gerätelinien lassen sich nur in Fünf-Kilogramm-Schritten verstellen, manche hingegen bieten Fünf-Pfund-Schritte an. Je kleiner die Abstufungen sind, desto eher können Sie sich an eine persönliche Leistungssteigerung herantasten.
- Auch, wenn das Kursangebot im Aerobicbereich groß ist: Gibt es genug Einsteigerstunden? Wie viele davon können Sie nutzen? Liegen diese in Ihrer Freizeit?
- Wie voll sind die Kurse, für die Sie sich am meisten interessieren?
- Werden die Räume mit ausreichend Frischluft versorgt, oder müssen die Mitglieder zwischendurch die Fenster öffnen, um genug Sauerstoff zu bekommen (Erkältungsgefahr!)?

Fragen zum Wellnessangebot

Viele Fitnessstudios bieten ergänzend zum Training Sauna, Duschen, Schwimmbad und Solarium an. Prüfen Sie auch diese Einrichtungen:

- Machen die Räume einen sauberen Eindruck?
- Sind die Aufbewahrungsschränke groß genug für Sporttasche, Schuhe und Kleidung?
- Wird das Tragen von Badeschlappen in Dusche und vor allem im Saunabereich vom Betreiber empfohlen?

- Ist die Sauna groß genug, oder drängen sich die Schwitzenden in der heißen Hütte wie Sardinen in der Dose?
- Sind Saunagänge im Mitgliedspreis enthalten, oder müssen Sie dafür extra bezahlen?
- Für Sonnenanbeter: Werden die Röhren der Solarien in angemessenen Abständen ausgetauscht? Sind die Bänke rückengerecht geformt (ergonomisch)?
- Manche Großanlagen haben ein Schwimmbad mit Außen- und/oder Innenbecken. Wird diese Anlage auch von Nicht-Mitgliedern genutzt, oder haben nur Mitglieder freie Bahn? Müssen Sie fürs Schwimmen einen Aufpreis zahlen?

Da Sie bei einem einstündigen Training zwischen einem und zwei Liter Flüssigkeit verlieren können, kann es recht teuer werden, wenn Sie auf mitgebrachte Getränke verzichten müssten.

Empfang und Fitnessbar

- Sind die Mitarbeiter freundlich und jederzeit ansprechbar?
- Bekommen Sie eine umfassende Einweisung in das Gesamtangebot der Anlage?
- Können Sie eigene Getränke mitbringen, oder müssen Sie sich am Studiotresen mit Flüssigkeit versorgen?

Der letzte Punkt hat in der Vergangenheit für viele Kontroversen gesorgt: Ein Sportler muss die ausgeschwitzten Mineralstoffe wieder zuführen. Eine ausreichende Flüssigkeitszufuhr ist deshalb wichtig (siehe Seite 142ff.). Viele Anlagen verbieten jedoch die Mitnahme eigener Getränke – einerseits aus hygienischen Gründen, andererseits, um die Kasse der Saftbar zu füllen. Die Auseinandersetzung zwischen Mitgliedern und Betreibern beschäftigt mittlerweile zahlreiche Gerichte.

Der Mitgliedsvertrag

In den meisten Studios haben Sie die Möglichkeit, Mitgliedschaften über sechs oder zwölf Monate Laufzeit zu wählen. Manche Anlagen bieten darüber hinaus auch Verträge über 18 oder 24 Monate an – zu einem um einiges günstigeren Monatsbeitrag.

Bevor Sie sich jedoch für zwei Jahre eintragen, um monatlich 20 oder 30 Mark zu sparen, sollten Sie eines bedenken: Sind Sie sich sicher, dass Sie sich für einen so langen Zeitraum festlegen können? Ein vorzeitiger Ausstieg aus dem Vertrag ist nämlich meist nicht möglich oder nur gegen einen erheblichen Ausgleichsbetrag. Wichtig ist auch die Beachtung der Kündigungsfristen: Eine Mitgliedschaft ist nicht automatisch nach Ablauf der gebuchten Zeit beendet, sondern muss schriftlich von Ihnen gekündigt werden. Diese Kündigungsfristen betragen in der Regel beim Jahresvertrag drei Monate, bei einem halben Jahr sechs Wochen. Schreiben Sie sich das letztmögliche Datum Ihrer Kündigung dick in den Kalender – sonst müssen Sie weitere Monate zahlen!

Achtung: Durch eine Ruhezeit kann sich die Kündigungsfrist nach hinten verschieben! Sprechen Sie darüber mit der Studioleitung.

Worauf Sie beim Abschluss achten sollten

Ein vorzeitiger Ausstieg aus dem Club ist meist möglich bei:

- Krankheit, die aus ärztlicher Sicht das Sporttreiben im Studio unmöglich macht (nur unter Vorlage eines Attests!)
- Umzug, der den Weg zum Studio unzumutbar verlängert (wird meist nur anerkannt, wenn Sie in eine andere Stadt ziehen; Abmeldebescheinigung vom Amt vorlegen!)
- Einzug zur Bundeswehr

Ruhezeiten, in denen Sie die Mitgliedschaft für einen oder mehrere Monate aussetzen, liegen in der Kulanz des Betreibers. Der überwiegende Teil ermöglicht Ihnen dies jedoch bei:

- Schwangerschaft
- Längerem Auslandsaufenthalt
- Mehrwöchigem Urlaub (mit Einschränkung)

Bevor Sie sich für ein Fitnessstudio entscheiden, sollten Sie genau prüfen, ob das Studio Ihren Ansprüchen genügt. Lassen Sie sich ausführlich beraten.

So werden Sie zu Hause fit

Sie müssen nicht unbedingt ins Studio gehen, um sich fit zu halten. Vielleicht ist das nächste Fitnessstudio zu weit von Ihrem Wohnort entfernt. Oder Sie können sich aus beruflichen oder privaten Gründen nicht an eine feste Mitgliedschaft binden.

Oder Sie scheuen den Aufwand: immer saubere und schicke Trainingskleidung parat haben, die Tasche packen, ab ins Auto, Hinweg, umziehen, Training, duschen, umziehen, wieder ins Auto, nach Hause fahren … uff!

Da haben Sie's in den eigenen vier Wänden einfacher. Sie können in Ihrer alten, bequemen Schlabberkluft aktiv werden, denn es sieht Sie ja niemand. Die Dusche haben Sie für sich, und kühle Drinks parken Sie schon vorher im Kühlschrank. Außerdem sparen Sie natürlich eine Menge Zeit, da lange Anfahrtswege wegfallen.

Sollten Sie befürchten, dass die Trainingsdisziplin zu Hause leidet, verabreden Sie sich doch einfach wie auch im Fitnessstudio mit einem Trainingspartner.

Die Ausrüstung für Ihr Heimstudio

Für das Training zu Hause gibt es eine ganze Menge Equipment. Was Sie davon einsetzen können, hängt zum einen davon ab, wie viel Platz Sie haben. In einen größeren Hobbyraum können Sie eine stabile Hantelbank, einen Zugturm oder gar ein Multifunktionscenter stellen (siehe auch Abbildung auf Seite 42).

Wenn es etwas mehr sein darf

Andererseits spielt auch Ihre Zielsetzung eine Rolle bei der Gestaltung Ihres Heimtrainings. Um große Muskelpakete wachsen zu lassen, brauchen Sie einen entsprechend hohen Widerstand. Sie werden dann um die Anschaffung eines Lang- und Kurzhantelsets nicht herumkommen und auch eine Bank mit Ablagemöglichkeit kaufen müssen. Solch ein Komplettset bekommen Sie ab 400 DM (beispielsweise

Alex, Multibank von Karstadt). Einen Zugturm zur Wandmontage gibt es ab 500 DM (ohne Gewichte), freistehende Konstruktionen mit 65 Kilogramm Gesamtwiderstand ab 1300 DM (etwa bei World Of Wellness, Tel. 0 22 33/97 46 20). Der Porsche unter den Trainingsgeräten ist das Multifunktionscenter: Mit diesem Gerät können Sie nicht nur den Rumpf und die Arme, sondern auch Beine und Po auf Vordermann bringen. Dafür müssen Sie aber auch tiefer in die Tasche greifen: Die Multis sind ab 1000 DM zu haben (z. B. von Gold's Gym oder Alex).

Mit Kurzhanteln können Sie auf dieselbe Weise Ihre Unterarme trainieren, wie auf Seite 72 bei den Langhanteln beschrieben.

Die Minimalausstattung

Wenn Sie weniger aufwändig Sport treiben wollen und es Ihnen lediglich darauf ankommt, Ihre Muskeln zu kräftigen und zu straffen, reicht eine Investition von rund 300 DM. Dafür bekommen Sie eine Matte zum Unterlegen, ein kompaktes Kurzhantelset und ein paar widerstandsfähige Thera-Bänder® aus Latex.

Bei zahlreichen Übungen setzen Sie sogar nur Ihr eigenes Körpergewicht als Belastungswiderstand ein. Auch vor dem Heimtraining gilt: Unbedingt aufwärmen! Unterschätzen Sie die folgenden Übungen nicht. Sie sehen vielleicht relativ harmlos aus, haben es aber dennoch in sich. Deshalb sollten Sie zur Vermeidung von Verletzungen wie etwa Muskelzerrungen unbedingt ein kleines Warm-up absolvieren.

Bereits mit geringem finanziellen und räumlichen Aufwand können Sie sich zu Hause Ihr eigenes Fitnessstudio einrichten, das ganz auf Ihre Wünsche zugeschnitten und äußerst effektiv ist.

Home-Workout für den Bauch

Klassikcrunch

1. Rückenlage. Beine nacheinander anziehen, anheben und Arme vor der Brust kreuzen.

2. Erst den Kopf einrollen, dann die obere Rückenpartie Wirbel für Wirbel vom Boden heben. Dabei schieben sich die Bauchmuskeln ziehharmonikaartig ineinander. Achtung: Nicht ruckartig bewegen!

3. Variante: Anfänger können zunächst mit einem Handtuch zur Unterstützung arbeiten.

Seitlicher Crunch
Gleiche Ausführung wie beim Klassikcrunch, die Arme jedoch nicht vor der Brust kreuzen, sondern nach vorn ausstrecken und beim Hochrollen des Rumpfs seitlich mal am rechten, mal am linken Bein vorbeiführen.

Home-Workout für den Bauch

Beckenlift

1. Rückenlage, Arme zur Seite oder nach oben ausstrecken. Beine nacheinander anheben.

2. Becken aus dem Bauch heraus anheben und die Füße in Richtung Decke strecken.

Lateraler Stütz (Isometrieübung)

1. Legen Sie sich auf die Seite, einen Unterarm auf den Boden, den anderen Arm eng am Körper halten.

2. Unterkörper anheben, bis Beine und Rumpf eine Linie bilden. Diese Übung trainiert übrigens nicht nur Ihre Mittelpartie, sondern auch Rücken und Schultern.

Home-Workout für Beine und Po

Kniebeuge

1. Beine breit grätschen und leicht beugen.

2. Rumpf senkrecht nach unten senken, den Rücken dabei gerade und aufrecht halten. Wieder hochdrücken. Variieren Sie gelegentlich den Fußabstand.

Ausfallschritt

1. Stellen Sie sich gerade hin. Die Füße stehen parallel zueinander.

2. Machen Sie einen großen Schritt nach vorn, und senken Sie den Oberkörper ab. Wieder zurück zur Ausgangsstellung schreiten. Variante: In der Schrittstellung verbleiben und lediglich den Rumpf nach oben und unten bewegen.

Home-Workout für Beine und Po

Kleine Brücke

1. Rückenlage. Beide Beine beugen und die Füße aufsetzen.

2. Po anspannen und Becken anheben. Geübte strecken ein Bein lang aus.

1

2

1

2

Beinlift

1. Auf die Seite legen. Den unteren Arm lang nach oben strecken, Beine aufeinander.

2. Oberes Bein langsam heben, dabei die Fußspitze anziehen.

Home-Workout für Beine und Po

Schere
1. Bauchlage. Platzieren Sie unter dem Becken ein dickes, zusammengerolltes Handtuch. Arme seitlich abwinkeln.

2. Beine öffnen und schließen. Den Po dabei ganz bewusst anspannen. Geübte setzen ein Thera-Band® zur Verstärkung ein.

Vierfüßlerbeuge
1. Auf Hände und Knie gehen.

2. Ein Bein gebeugt anheben und Ferse Richtung Decke führen.

Zange (links)
Hinsetzen, ein dickes Handtuch oder Telefonbuch zwischen die Beine klemmen und Beine kräftig zusammenpressen.

Home-Workout für den Rücken

Diagonallift (Isometrieübung)
Bauchlage. Beide Arme nach vorn strecken. Erst den linken Arm und das rechte Bein anheben. Spannung 20 Sekunden halten, absenken, dann die Gegenseiten bewegen.

1

2

Klimmzüge light
1. Stellen Sie zwei stabile Stühle oder Hocker gut einen Meter voneinander entfernt auf. Legen Sie einen robusten Besenstiel darauf ab (unbedingt sichergehen, dass dieser nicht brechen oder herunterrutschen kann!). Greifen Sie den Stab weit außen, und machen Sie Körper und Beine lang.

2. Ziehen Sie sich aus dieser Position nun hoch in Richtung Besenstiel.

Home-Workout für den Rücken

Ruderlift (oben)

1. Bauchlage, den Oberkörper leicht vom Boden abheben.

2. Die Arme lang lassen, langsam in einem großen Bogen von vorn nach hinten führen und zurück. Schwerer wird die Übung mit kleinen Handgewichten.

Therazug (rechts)

1. Wickeln Sie das Latexband um Bettpfosten oder Türklinke. Stellen Sie sich in vorgeneigter Schrittposition auf.

2. Stützen Sie die freie Hand auf den Oberschenkel. Die andere Hand greift das Gummi und führt es zum Körper.

Home-Workout für die Brust

Liegestütz

1. Die Übung aktiviert nicht nur die Brustmuskeln, sondern auch Schultern und Trizeps. Bauchlage, die Beine sind geschlossen. Die Hände gut schulterbreit voneinander entfernt aufsetzen, die Finger zeigen nach vorn.

2. Rumpf und Beine anspannen, vom Boden lösen und aus den Armen hochdrücken. Für Geübte: Die Füße erhöht auf einem Stuhl oder dem Bett platzieren. Anfänger machen die Übung zunächst auf den Knien.

Türpresse (oben)

Stellen Sie sich in den Türrahmen. Legen Sie die Hände auf, und gehen Sie in die Schrittposition. Drücken Sie fest gegen den Rahmen, und beugen Sie dabei den Rumpf ein wenig vor. Spannung 20 Sekunden halten.

Crossover mit Thera-Band® (links)

Das Latexband um die Schultern legen und fest um die Hände wickeln. Arme im Halbkreis nach vorn führen und kreuzen.

Home-Workout für die Schultern

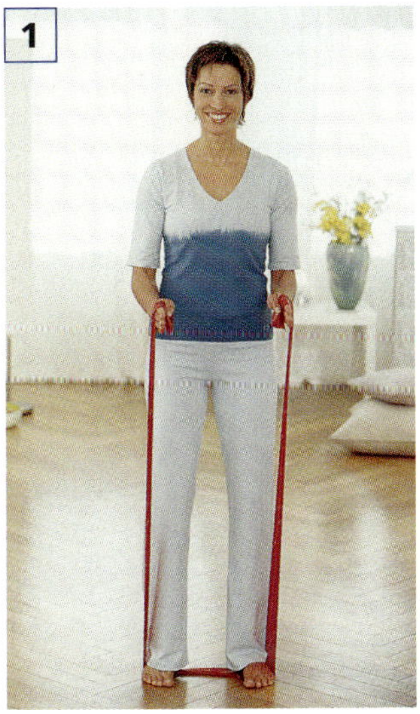

Seitlift

1. Stellen Sie sich mittig auf das Thera-Band®. Wickeln Sie es um beide Hände, und winkeln Sie die Arme ein wenig an.

2. Heben Sie die Arme bis auf Schulterhöhe.

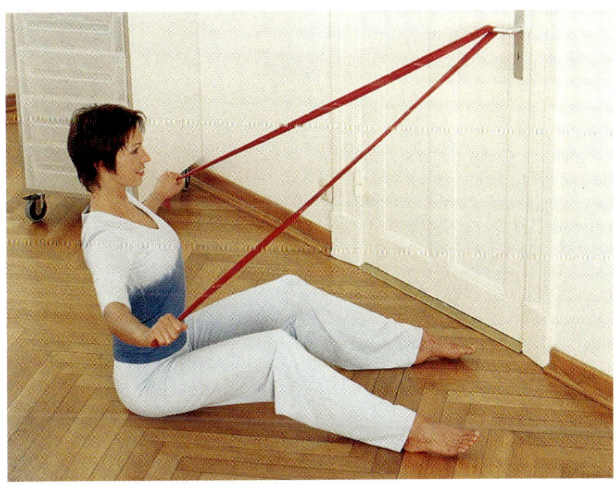

Frontlift

Gleiche Ausgangsposition wie beim Seitlift, die Arme jedoch im Wechsel nach vorn bis auf Schulterhöhe führen.

Back Fly

Das Thera-Band® an einer Türklinke befestigen. Vor der Tür auf den Boden setzen und das Band mit beiden Händen fassen. Arme im großen Bogen gegen den Widerstand nach hinten führen.

Home-Workout für den Trizeps

Einarmiger Zug

1. Thera-Band® in beide Hände nehmen. Eine Hand am Körper halten. Den anderen Arm beugen, hinter den Kopf bringen und den Oberarm an den Kopf legen.

2. Unterarm nach oben strecken.

Kickbacks

1. Gummi befestigen. Ausfallschrittstellung, der Rumpf ist vorgeneigt. Mit der freien Hand auf dem Oberschenkel abstützen, der andere Arm ist gebeugt.

2. Unterarm gegen den Gummiwiderstand nach hinten wegstrecken, dabei den Oberarm ruhig halten.

Home-Workout für den Bizeps

Curls mit dem Thera-Band®

1. Mit beiden Füßen auf das Band stellen und die Enden um die Hände schlingen.

2. Arme langsam anbeugen. Variationen: Arme während der Bewegung mal enger zusammen, mal weiter auseinander halten.

Intensivcurls

1. Grätschsitz, Rumpf nach vorn neigen. Einen Fuß auf das Band stellen. Den Ellbogen des aktiven Arms innen an den Schenkel pressen und die freie Hand auf das Knie stützen.

2. Den Arm beugen.

Fit auf Reisen und im Job

Unterwegs in Topform

Wer viel auf Achse ist, kann ein Lied davon singen: Stundenlanges Sitzen im Auto, in der Bahn oder im Flieger macht die Glieder schwer und den Rücken zu einem steifen Brett. Abhilfe schafft ein wenig Bewegung: Die Durchblutung der Muskeln wird gefördert, der Kreislauf wird angeregt, und im Nu fühlen Sie sich wieder frisch und vital. Die Kurzprogramme auf den folgenden Seiten beinhalten einfache Übungen, für die Sie so gut wie gar kein Equipment brauchen und die Sie wirklich überall durchführen können.

Oft weiß man gar nicht, warum man sich unwohl oder müde fühlt. In vielen Fällen sind Rückenschmerzen, Verspannungen im Nacken- und Schulterbereich oder Haltungsfehler die Ursache. Mit gezielten Übungen kann man schnell wieder locker werden.

Neue Kraft durch Kurzschlaf

Auf längeren Strecken kann sich durch die Eintönigkeit der Umgebung und den Singsang des Fahrgeräuschs Müdigkeit einstellen. Fahren Sie nicht weiter, wenn Sie merken, dass Ihnen mitunter sogar die Augen zufallen.

Suchen Sie die nächste Raststätte auf, parken Sie Ihr Auto, und stellen Sie den Motor ab. Ziehen Sie den Schlüssel aus dem Zündschloss, und nehmen Sie ihn in eine Hand. Lehnen Sie sich entspannt zurück, und schließen Sie die Augen. Die Hand mit dem Schlüssel legen Sie so auf den Sitz, dass das Metall auf den Boden des Fahrzeugs fallen kann. Wenn Sie nun kurz einnicken, kommt es zu einer plötzlichen Muskelentspannung, der Schlüssel fällt klirrend zu Boden, und Sie erwachen wieder. Dieser Weckreiz führt zu einer Ausschüttung von Hormonen, die Sie im Nu wieder fit für eine weitere Fahrtstrecke machen.

Workout für Autofahrer

Egal, ob Sie beruflich viel im Pkw sitzen oder mit dem Auto in den Urlaub fahren: Machen Sie zwischendurch öfter mal eine Bewegungspause. Der ADAC empfiehlt mindestens alle zwei Stunden kurze Pausen von etwa fünfzehn Minuten Länge. Und auch, wenn der Verkehr mal stockt oder Sie im Stau stecken, können Sie etwas für sich tun, denn die Übungen 1 bis 10 sind bequem im Auto zu machen – Sie müssen nicht einmal aussteigen!

Die Füße und Beine vitalisieren

1. Strecken und beugen Sie die Füße etwa 10- bis 15-mal. Anschließend locker kreisen lassen.

2. Füße 10-mal wegstrecken und wieder anziehen.

3. Fersen kräftig in den Boden stemmen, Spannung 20 Sekunden halten.

4. Füße anspannen und die Zehen von unten gegen die Verkleidung des Innenraums drücken. Position ebenfalls etwa 20 Sekunden lang halten.

5. Schenkel aneinanderlegen und einige Sekunden lang fest zusammenpressen.

Rumpf und Arme vitalisieren

1. Setzen Sie sich ganz gerade auf. Strecken Sie die Arme so weit wie möglich, und drücken Sie den Rücken einige Sekunden lang fest in den Sitz.

2. Das Lenkrad mit beiden Händen außen greifen. Lehnen Sie sich zurück, und ziehen Sie kräftig am Steuer. Position einige Augenblicke halten.

3. Beide Hände außen an den Lenker legen und so tun, als wollten Sie es zusammenpressen.

4. Arme anwinkeln, die Handflächen zeigen nach oben. Hände von unten etwa 20 Sekunden lang an den Lenker drücken.

5. Handinnenflächen in das Steuer legen und mit Kraft nach unten pressen.

Beine und Rücken entspannen

1. Hände am Auto abstützen. Einen großen Schritt nach hinten machen. Das vordere Bein beugen, die Ferse des hinteren Beins zum Boden drücken. Einige Sekunden in dieser Stellung verharren und Seiten wechseln.

2. Ein Bein gestreckt auf die Motorhaube legen. Den Rücken gerade halten und so weit vorneigen, bis Sie die Dehnung in der Oberschenkelrückseite spüren. Seitenwechsel.

3. An der Tür festhalten. In die Hocke gehen, dabei die Arme ganz lang machen und den Rücken rund nach hinten rausdrücken.

4. Bein beugen, den Fußspann greifen und die Hüfte vorschieben. Mit der freien Hand am Auto festhalten.

5. Seitlich neben das Fahrzeug stellen. Beine kreuzen, mit einer Hand am Pkw festhalten. Den äußeren Arm hochstrecken und im Bogen über den Kopf führen.

Schultern und Arme entspannen

1. Hand ans Fahrzeug legen. Arm lang machen und die Brust vorstrecken. Zur anderen Seite wiederholen.

2. Arm beugen und vor den Körper führen. Mit der anderen Hand gegen den Ellbogen pressen. Dehnung 10 bis 15 Sekunden halten, Seitenwechsel.

3. Zunächst kräftig ausschütteln. Handinnenflächen mit den Fingern nach unten gegen die Fahrzeugseite pressen.

4. Kneten Sie beide Hände nacheinander durch. Streichen Sie die Finger mit der anderen Hand aus.

5. Arm ausstrecken, den Kopf zur anderen Seite neigen. Die Hand in Richtung Boden schieben. Kurz halten, dann mit der anderen Seite ausführen.

Entspannter ankommen mit Bahn und Flieger

Schluss mit tauben Beinen, eingeschlafenen Füßen, verspanntem Nacken und steifem Rücken durch unbequemes Dauersitzen! Sie können sich auch auf Langstreckenflügen und mehrstündigen Bahnfahrten fit halten.

- Regel Nummer eins: Tragen Sie bequeme Reisekleidung. Sie sollte beim Sitzen nicht einschnüren. Ideal sind weite Hosen und Oberteile aus Baumwolle. Ziehen Sie die Schuhe aus, und schnüren Sie die Unterschenkel nicht mit zu engen Strumpfbündchen ab.
- Die Luft aus den Klimaanlagen trocknet die Schleimhäute aus. Trinken Sie deshalb etwa alle halbe Stunde einen kräftigen Schluck Wasser oder Saftschorle. Für Flugreisen gilt: Verzichten Sie auf die an Bord üblichen alkoholischen Getränke – Alkohol trägt zur Austrocknung (Dehydration) des Körpers bei.
- Verlassen Sie jede Stunde für einige Minuten Ihren Sitz. Gehen Sie den Gang auf und ab, und stellen Sie sich zwischendurch kurz auf die Zehenspitzen. Das kurbelt den Kreislauf an, verhindert den Stau von Lymphflüssigkeit im Gewebe und vertreibt die Müdigkeit.
- Rollen Sie gelegentlich für eine Minute mit den Augen – das erfrischt die Sinne.
- In vielen Parfümerien und Apotheken gibt es ein erfrischendes Mineralwasserspray fürs Gesicht (z. B. von Vichy).

Auch mit der richtigen Ernährung erleichtern Sie sich die Anpassung an den neuen Zeitrhythmus: Eiweißreiche Nahrung (Fleisch, Fisch, Meeresfrüchte) verzögert den Schlaf, Kohlenhydrate hingegen fördern ihn (Reis, Kartoffeln, Nudeln).

Tipps gegen Jetlag

Nach langen Flügen ist man oft noch Tage lang wie gerädert: Die innere Uhr ist wegen des Zeitunterschieds durcheinandergeraten. Die harmlosesten Symptome für einen Jetlag sind Müdigkeit und Abgespanntsein. Besonders Sensible reagieren auf die Zeitumstellung jedoch unter Umständen sogar mit Black-outs: Es soll schon Leute gegeben haben, die ziel- und orientierungslos durch die fremde Gegend geirrt sind und gar nicht mehr wussten, wie sie dort hingekommen sind. Egal, ob Sie mit der Uhr (nach Osten) oder gegen die Uhr (nach Westen) fliegen: Passen Sie sich am Reiseziel sofort der Ortszeit an, und verzichten Sie auf ein Erholungsschläfchen.

Belastbarer werden im Berufsleben

Mit Krafttraining machen Sie nicht nur eine gute Figur. Wer regelmäßig Fitness-Workouts betreibt, schneidet auch im Berufsleben besser ab. Einseitige Tätigkeiten, beispielsweise das Verharren in einer bestimmten Arbeitshaltung über einen längeren Zeitraum, häufiges Sitzen oder langes Stehen haben ihren Preis. Hinzu kommen außerdem noch Spannungen und Verspannungen, die durch Stress verursacht werden. Etwa, wenn Ihr Chef mal wieder schlechte Laune hat und ihm alles gar nicht schnell genug gehen kann.

Bewegung und Training stärken das Immunsystem und steigern die Produktion der so genannten Killerzellen. Ist die Belastungsintensität zu hoch, besteht allerdings die Gefahr einer erhöhten Infektanfälligkeit.

Karrierefaktor Fitness

In vielen Firmen werden sportive Initiativen inzwischen ausdrücklich begrüßt. Schließlich sinkt mit steigender sportlicher Betätigung auch das Krankheitsrisiko. Neueste Forschungen zeigen auch, dass körperliche Aktivität neben dem Immunsystem auch die Hirntätigkeit stimuliert. Bewegungsmangel, wissen Experten heute, ist nicht nur ein gesundheitlicher Risikofaktor, sondern in der Berufswelt zunehmend auch ein Aufstiegshindernis auf der Karriereleiter. Fitte Menschen sind sowohl sozial aktiver und leistungsorientierter als auch beruflich erfolgreicher. Bei einer Erhebung sagten 14 Prozent der Personalentscheider, die körperliche Fitness des Bewerbers gäbe den Ausschlag, wenn zwei oder mehr Personen für eine Position in ihrer Firma ansonsten gleich qualifiziert sind.

Rund 98 Prozent aller Deutschen teilt die Meinung, dass regelmäßige sportliche Betätigung auch berufliche Vorteile mit sich bringt. Wir versprechen uns eine höhere Belastbarkeit (77 Prozent). Wir meinen, seltener krank zu sein (70 Prozent) und glauben, mehr Freude an der Arbeit zu haben (21 Prozent).

Wen wundert's, schließlich erwirbt man im Sport Fähigkeiten, die auch im Job gefragt sind: Teamfähigkeit, Entscheidungsfreudigkeit, Verantwortungsbewusstsein.

Eine FIT FOR FUN-Umfrage unter rund 1100 berufstätigen Frauen und Männern ergab, dass die Mehrzahl Fitnesssportler, Jogger und Schwimmer für am erfolgreichsten im Job halten. (FIT FOR FUN 10/99)

Sport und Erfolg

	Golf	Tennis	Segeln	Fußball	Jogging	Fitnesstraining	Schwimmen	Leichtathletik	Reiten	Sonstige	Keine
Frauen	7	33	13	16	45	74	71	19	21	11	7
Männer	23	29	25	30	59	54	67	31	15	16	6
Gesamt	16	31	20	24	53	63	69	26	18	14	6

Die Wirklichkeit sieht anders aus

Das Stresshormon Adrenalin lässt sich schon durch lockeres Training drastisch reduzieren. Außerdem werden beim Sport sogar Glückshormone ausgeschüttet. So werden Sie wieder locker und können unbeschwert Ihre Probleme in Angriff nehmen.

Allerdings steht das Bewegungsverhalten im krassen Gegensatz dazu: Ein Drittel aller Deutschen ist übergewichtig, jeder fünfte Deutsche ist sogar adipös (fettleibig). Ein weiteres Argument für eine Fitnesspause gegen Mittag: Sie reduzieren den angestauten Stress auf ein Minimum. Wenn Sie am Vormittag so richtig unter Druck gestanden haben, können Sie diese Aktivphase nutzen, um mal so richtig Dampf abzulassen. Nicht an Ihren Kollegen, sondern durch ordentliches Auspowern. Danach können Sie die restliche Arbeitszeit viel entspannter und lockerer angehen. Kopf und Körper funktionieren wieder besser, Ihnen werden Entscheidungen leichter fallen, Probleme am Arbeitsplatz werden Sie mit mehr Gelassenheit angehen.

Schluss mit dem Feierabendfrust

Und nicht zuletzt profitiert auch Ihr Privatleben. Denn immerhin kommen Sie nach solch einem Tag entspannter nach Hause. Sie bringen weniger Jobprobleme mit und müssen sich nicht stundenlang beim Partner oder bei Freunden darüber auslassen, wie furchtbar doch Ihr Arbeitstag wieder gewesen ist. Ihr Umfeld wird's sicherlich zu schätzen wissen. Außerdem haben Sie ja jetzt durch den Wegfall des Nörgelstündchens nach Feierabend mehr Zeit für andere Hobbys.

Die Bandscheiben und Wirbel schonen

Vor allem der Rücken leidet unter der einseitigen Haltung am Arbeitsplatz. Wirbelsäule und Bandscheiben können der Belastung auf Dauer nicht standhalten. Es kommt zu muskulären Dysbalancen, und nicht selten stellen sich Beschwerden ein – vom gelegentlichen Rückenschmerz, einem Ziehen im Nacken und tauben Armen bis hin zu hartnäckigen Verspannungen und sogar Bandscheibenschäden.

Haltungsschäden sind sehr weit verbreitet. In Deutschland haben schon bei der Einschulung 15 bis 20 Prozent der Kinder Haltungsschäden, bei Beendigung der Schule sind es sogar 50 Prozent.

Haltungsfehler korrigieren

Abhilfe schafft die kontinuierliche »Pflege« Ihres Stützkorsetts. Beobachten Sie sich zwischendurch öfter mal selbst, und korrigieren Sie Haltungsfehler. Wichtig sind Dehnübungen für die Körperfront, vor allem im Brustmuskel- und Schulter-Nacken-Bereich, denn diese Partien neigen zur Verkürzung. In Kombination mit kräftigenden Übungen für Rücken- und Bauchmuskulatur haben Sie den perfekten Schutz. Und wenn Sie ganz auf Nummer sicher gehen wollen, dehnen Sie auch noch die Hüftbeuger und die Oberschenkel, denn auch diese Bereiche neigen zu Verkürzungen. Beachten Sie dazu das Stretching-Workout ab Seite 126.

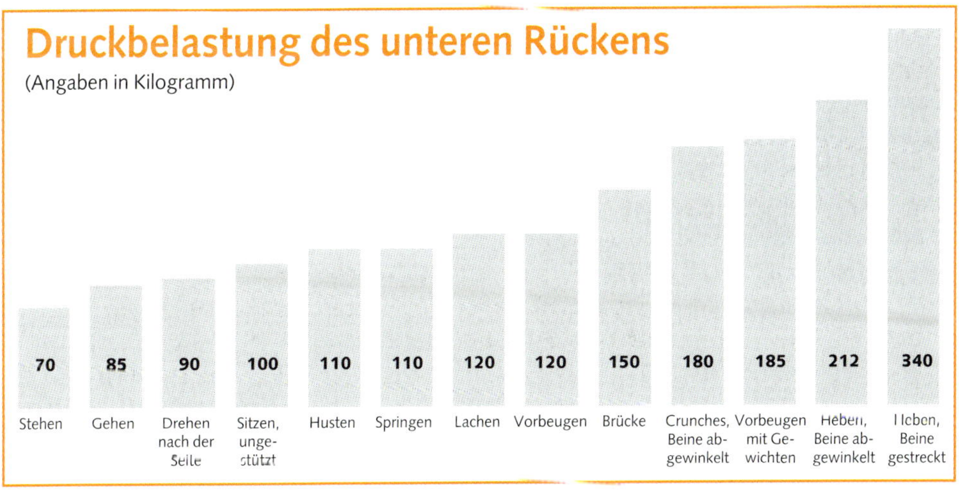

Gut fürs Kreuz – so sitzen Sie richtig

Schlechte Sitzgewohnheiten gehen häufig zulasten des Rückens. So beugen Sie vor:

- Buckel vermeiden: Sacken Sie nicht im Stuhl in sich zusammen. Versuchen Sie, gerade – nicht steif! – zu bleiben.
- Beine nicht übereinander schlagen: Der Blutfluss wird eingeschränkt, Hüfte und Becken werden schief gestellt – und das bedeutet Gefahr für die Lendenwirbelsäule!
- Armlehnen nutzen: Studien zeigen, dass das Auflegen der Unterarme auf die Lehnen den Druck auf den Rücken um rund 25 Prozent mindert.
- Taschen leeren: Das unbequeme Sitzen auf Schlüsselbund oder Geldbörse sorgt ebenfalls für schiefes Sitzen.

Fitte Füße – fix im Job

Eine Fußmassage wirkt entspannend und belebend. Nicht nur die Fußmuskeln selbst werden besser durchblutet, auch die inneren Organe werden durch das Massieren der Reflexzonen positiv stimuliert. Falls Sie also mal keine Zeit haben, in einer aktiven Bewegungspause etwas für sich zu tun, legen Sie sich doch einfach einen Igelball oder eine geriffelte Holzrolle unter Ihren Schreibtisch.

Das Equipment für eine Fußmassage bekommen Sie in den meisten Sanitätshäusern und Sportgeschäften. Sie können es aber auch bestellen, beispielsweise bei Sport-Thieme (Bälle ab 5 DM, Massageroller ab 30 DM; Tel. 0 53 57/1 81 81).

Die besten Übungen und Massagen mit dem vielseitigen Igelball finden Sie in dem Ratgeber »Schmerzfrei und beweglich mit dem Igelball« von Anja Senser, Südwest Verlag, München 2000.

Ein Tennisball tut's auch

Einfacher und billiger geht das Workout am Schreibtisch mit einem Tennisball. Der eignet sich im Übrigen nicht nur für die Fußmassage, sondern auch ganz hervorragend zur Ganzkörpermassage. Bitten Sie doch mal einen Kollegen, Ihnen den Ball mit leichtem Druck längs der Wirbelsäule über den Rücken zu rollen. Sie können sich auch selbst eine Ballmassage verpassen: Filzkugel auf den Boden legen, mit dem Rücken drauflegen. Jetzt in die Verspannungen hineinarbeiten, indem Sie sich auf dem Ball bewegen.

Workout für den Arbeitsplatz

Auftanken in der Mittagspause – das kann jeder schaffen. Kleine Bewegungspausen bringen den Kreislauf auf Trab und neuen Schwung in Ihren Arbeitstag. Mit etwas Aktivität schlagen Sie dem gefürchteten Leistungstief ein Schnippchen. Sie versorgen den Organismus mit frischem Sauerstoff und verbessern Ihre Konzentrationsfähigkeit. Und der knurrende Magen? Statt einer schweren Mahlzeit in der Betriebskantine entscheiden Sie sich zwei- bis dreimal pro Woche für einen selbst gemachten Salat oder andere leichte Kost (am Abend vorher zubereiten). Zu schweres Essen gibt Ihrem durch das viele Sitzen oder Stehen ohnehin schon angeschlagenen Körper mittags nämlich den Rest: Gulasch und Currywurst beanspruchen mehr Aufmerksamkeit als die Unterlagen auf Ihrem Schreibtisch, denn die Verdauung braucht viel Energie, und die fehlt Ihnen dann am Nachmittag.

Muskelverspannungen sind in den meisten Fällen ein Zeichen von verschobenem Gleichgewicht zwischen Spannung und Entspannung. Etwas Bewegung zwischendurch und die Gedanken spielen zu lassen, kann da schon Abhilfe schaffen.

Die Tagesform schwankt

Im Tagesverlauf unterliegt Ihre Energie einigen Schwankungen. Am frühen Vormittag steigt Ihre Vitalität bis gegen 10 Uhr an und sinkt bis etwa 16 Uhr wieder ab. Am Abend haben Sie dann erneut einen energetischen Höhepunkt, dann geht's bis vier Uhr nachts wieder rapide bergab. Diese Schwankungen können Sie mit einem Fitnesskurzprogramm wirkungsvoll abfangen.

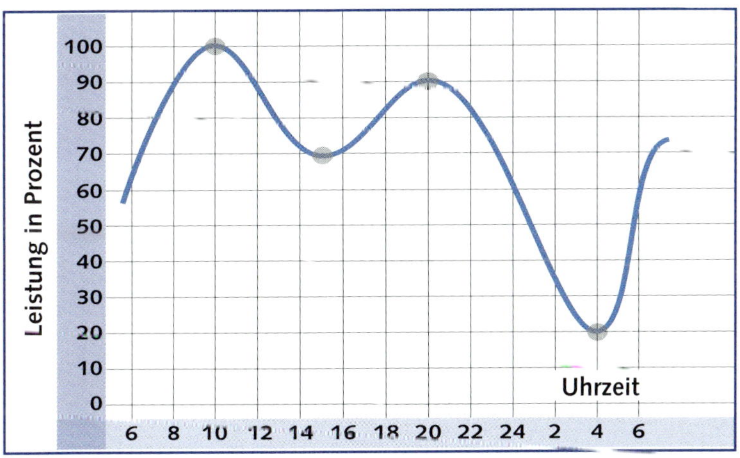

Unsere Energie unterliegt im Tagesverlauf immer den gleichen Schwankungen: Gegen 10 Uhr morgens und 20 Uhr abends steigt unsere Power, im Mittagstief und nachts nimmt sie rapide ab.

Stark am Schreibtisch

Kniebeuge am Stuhl
Für Beine und Gesäß. Stellen Sie sich mit dem Rücken zum Stuhl auf. Grätschen Sie die Beine. Senken Sie sich nun so weit ab, bis Sie mit dem Po den Stuhl berühren. Stehen Sie sofort wieder auf. Führen Sie diese Übung 10-mal aus, und wiederholen Sie sie nach einer kurzen Pause.

Dips auf dem Stuhl
Trimmt Brust, Schulter und Armstrecker. Stützen Sie die Hände auf die Kante, und setzen Sie die Füße eine Schrittlänge vom Stuhl entfernt auf den Boden. Rumpf absenken und wieder hochdrücken. Fortgeschrittene strecken die Beine lang aus. 10 Wiederholungen, 2 bis 3 Durchgänge. Wichtig: Achten Sie darauf, dass der Stuhl nicht wegrollen oder verrutschen kann!

Stark am Schreibtisch

Ellenpresse
Kräftigt die obere, äußere Rückenpartie und die Muskeln zwischen den Rippen (Brustkorb). Legen Sie die Ellbogen auf den Schreibtisch. Pressen Sie sie für 10 bis 15 Sekunden kräftig nach unten. 1- bis 2-mal wiederholen.

Halsstreck
Entspannt die Hals- und Nackenmuskeln. Aufrechter Sitz. Den Kopf zunächst zur linken Seite neigen und mit der linken Hand leichten Druck ausüben, bis Sie ein Ziehen in der rechten Halspartie spüren. Zur anderen Seite wiederholen. Den Kopf nach vorn neigen und mit beiden Händen leichten Druck ausüben. Jeweils 20 Sekunden halten und 1-mal wiederholen.

Stark am Schreibtisch

Bizepspull
Stärkt Schultern und Armbeuger. Handinnenflächen von unten an den Tisch legen. Tun Sie so, als wollten Sie den Tisch anheben. Spannung etwa 15 Sekunden halten, wiederholen.

Hüftdehnung
Rechten Fuß auf den Schreibtisch setzen und rechte Hüftseite leicht vorschieben. 15 Sekunden in dieser Stellung verharren, dann mit der anderen Hüftseite wiederholen.

Beinstretch vorn
Neben den Schreibtisch stellen und mit einer Hand festhalten. Mit der anderen den Fußspann greifen und das Bein beugen, bis sich ein leichtes Zuggefühl im Oberschenkelstrecker einstellt. Danach mit dem anderen Bein ausführen.

Stark am Schreibtisch

Beinstretch hinten (oben)
Ferse auf den Tisch, Bein lang ausstrecken und Fußspitze anziehen. Zu beiden Seiten jeweils 2-mal 15 Sekunden lang dehnen. Wichtig: Den Rücken dabei gerade halten!

Bruststretch (oben)
Arme gerade nach hinten strecken und die Hände ineinander verschränken. Die Arme langsam hochführen, bis Sie das Ziehen in den Brustmuskeln spüren. Kurz halten, auslockern.

Schulterstreck (links)
Einen Arm beugen und vor den Körper führen. Mit der anderen Hand 10 bis 15 Sekunden lang gegendrücken. Seitenwechsel.

Cool-down und Regeneration

Dem Muskelkater keine Chance geben

Genauso wichtig wie das Aufwärmen vor dem Sport ist das Abwärmen nach einer Trainingseinheit. Mit einem kleinen Cool-down-Programm helfen Sie Ihrem Körper, bewegungsbedingte Stoffwechselschlacken (Laktate) schneller abzutransportieren, den Gasaustausch zu intensivieren (Aufnahme von Sauerstoff und Abgabe von Kohlendioxid) und verbrauchte Nährstoffe in den Muskelzellen schneller wieder zu ergänzen. Dadurch reduzieren Sie auch automatisch das Risiko eines heftigen Muskelkaters. Dieser kommt übrigens nicht nur durch die Übersäuerung des Gewebes mit Laktaten zustande: Es gilt als erwiesen, dass winzig kleine Risse in der Muskulatur, so genannte Mikrotraumata, für das Brennen an den Tagen nach dem Sport verantwortlich sind. Wichtig: Es ist ein Irrtum, dass sich ein Muskelkater schneller verflüchtigt, wenn Sie gleich am nächsten Tag wieder Sport treiben. Je mehr Mikrotraumata Ihr Gewebe aufweist und je öfter Sie sie ignorieren, desto schneller verhärtet das Muskelgewebe. Es kann unelastisch werden, und die Verletzungsgefahr steigt: Zerrungen und Muskelfaserrisse können die unangenehmen Folgen sein.

Laktat wird mit Hilfe des Enzyms Laktatdehydrogenase abgebaut. Dieses kommt im Muskelgewebe und in der Leber in besonders hoher Konzentration vor. Werden die Muskeln jedoch so stark beansprucht, dass sie ihre Energie im anaeroben Stoffwechsel gewinnen müssen, wird weitaus mehr Laktat produziert, als abtransportiert werden kann.

Risiken für den Bewegungsapparat

Muskeln bewegen Ihren Körper. Sie ziehen an Ihren Knochen und bewegen Ihre Gliedmaßen; sie pumpen Flüssigkeiten durch den Körper und sind darum dafür verantwortlich, dass unsere Organe funktionieren. Die Muskeln, die beim Sport besonderes Augenmerk verdienen, sind diejenigen, die an den Knochen befestigt sind und unsere Bewegungen ermöglichen. Der Muskel ist elastisch und weich. Er ist so konstruiert, dass er sich ausdehnen und zusammenziehen kann. Durch eine ordentliche Durchblutung wird das Muskelgewebe mit Sauerstoff, Energie und Nährstoffen versorgt, damit der Muskel sich bewegen, wachsen und heilen kann. Eine ausreichende Blutzufuhr hilft dem Muskel, sich bis an die Grenze seines Ausdauervermögens heranzuarbeiten. Im Allgemeinen sendet das Gehirn eine Botschaft an den Muskel und regt ihn dadurch an, sich zusammenzuziehen. Anschließend entspannt er sich wieder.

Ein System mit Feinabstimmung

Muskeln ziehen sich jedoch auch zusammen, wenn sie verletzt sind. In diesem Fall entspannen sie sich jedoch nicht wieder, sondern verharren möglicherweise in einem Zustand chronischer Anspannung und Reizung – der Körper wird dadurch in seiner Bewegungsfreiheit eingeschränkt. Chronisch zusammengezogene (kontrahierte) Muskeln ziehen an ihren Befestigungspunkten im Körper, und der Körper gerät nach und nach aus dem Lot.

Ein einziger Muskel besteht aus vielen Muskelfasern, die nur ein Zehntel oder Hundertstel Millimeter breit und fünf bis zwölf Zentimeter lang sind. Der Zusammenschluss zu einem Muskel wird vom Bindegewebe bewirkt.

In der Nähe eines Knochens geht der Muskel in eine Sehne über, diese wiederum ist an einem Knochen befestigt. Sehnen sind dazu gedacht, etwas zu halten, und nicht, sich wie ein Muskel zu dehnen. Sie übertragen lediglich die Zugkraft des Muskels.

Schwachstelle im Bewegungsapparat

Die Sehnen bestehen aus Bindegewebe, das – ganz im Gegensatz zu den Muskeln – sehr schlecht durchblutet ist. Aus diesem Grund dauert es bei den Sehnen auch wesentlich länger als bei den Muskeln, bis sie sich nach einer Belastungsphase wieder erholt oder nach Überbeanspruchung regeneriert haben.

Die Sehne ist also das schwächste Glied im gesamten Bewegungsapparat. Während die Muskeln durch regelmäßiges Training aufgebaut und gestärkt werden können, werden die Sehnen selbst durch moderate Beanspruchung nicht größer oder kräftiger. Im Gegenteil: Je größer einerseits der Muskelzuwachs, desto höher andererseits die Beanspruchung der Sehne. Eine Sehnenentzündung, die meist schleichend verläuft und deshalb erst spät erkannt wird, sollte deshalb nicht auf die leichte Schulter genommen werden.

Die Knochen sind durch Bänder miteinander verbunden. Bänder bestehen aus sehr festem Bindegewebe und sitzen im Bereich von Gelenken bzw. zwischen Knochen. Sie dienen der Verstärkung und Stabilisierung und verhindern eine Überbewegung.

Muskelzerrung

Ursachen und Auslöser: Meist eine plötzliche, unkoordinierte Bewegung, vor allem, wenn vor dem Training nicht genügend aufgewärmt wurde. Die Muskelzerrung besteht in einer Überdehnung der Muskelfasern und des umgebenden Bindegewebes, wobei es zur Zerstörung einzelner Muskelzellen kommt.

Symptome: Die Schmerzen treten oft plötzlich im betroffenen Bereich auf, entwickeln sich aber manchmal auch innerhalb weniger Minuten. Der Muskel fühlt sich insgesamt hart an und ist in seiner Beweglichkeit eingeschränkt. Oft ist die Verletzung am Muskel tastbar.

Hilfsmaßnahmen: Ruhigstellung, Eisbehandlung, Kompression. Vorbeugend sollte man sich vor Aufnahme des Trainings aufwärmen und einen Elektrolytmangel vermeiden.

Muskelgewebe erholt sich, da es sehr gut durchblutet ist, weitaus schneller als Sehnengewebe. Sind die Sehnen überlastet, sollten Sie das unbedingt ernst nehmen! Die Heilung chronisch überlasteter Sehnen ist extrem langfristig.

Muskelkater

Ursachen und Auslöser: Sportausübung nach längerer Pause sowie ungewöhnlich große Anstrengung und ungewohnte Bewegungen über einen längeren Zeitraum hinweg. Die zugrunde liegenden Stoffwechselvorgänge beim Muskelkater sind auch heute noch nicht genau bekannt. Früher nahm man an, dass dem Muskelkater eine Übersäuerung der Muskulatur zugrunde liege. Heute erklärt man ihn u. a. auch mit kleinsten Verletzungen der Muskelfasern (Mikrotraumata), mit entzündlichen Prozessen oder auch mit Störungen in der Eiweißstruktur der Mikrofibrillen.

Symptome: Etwa zwölf Stunden nach dem Auslösen treten Schmerzen bei Beanspruchung der betroffenen Muskulatur auf. Druckempfindlichkeit. Eingeschränkte Funktion, Kraftverlust.

Hilfsmaßnahmen: Heiße Bäder, Gymnastik, Schwimmen, Einreibungen. Bei längerem Andauern, länger als drei bis fünf Tage, ist an eine andere Verletzung zu denken, z. B. Muskelzerrung. Zur Behandlung eines Muskelkaters eignen sich:

- Bewegungen mit geringer Belastungsintensität
- Lockerungs- und Dehnübungen
- Bäder, Sauna und Wärmeanwendungen

Die oben genannten Anwendungen führen zu einer Steigerung der lokalen Muskeldurchblutung und damit auch zu einer verbesserten Versorgung des Muskels.

Muskelkrampf

Ursachen und Auslöser: Zu hoher Trainingsumfang, Elektrolytverlust.
Symptome: Jäher Schmerz, Bewegungsunfähigkeit und Verhärtung des betroffenen Muskels.
Hilfsmaßnahmen: 10 bis 20 Sekunden kräftig (passiv) den betroffenen Muskel in Gegenrichtung des Krampfes dehnen, dann Lockerungsübungen und Wärmebehandlung. Vorbeugung: Aufwärmen, Stretching, ausreichend Elektrolytzufuhr.

Muskelkrämpfen kann man vorbeugen, indem man ausreichend trinkt. Ideal geeignet sind Fruchtsäfte mit Mineralwasser verdünnt, denn sie enthalten die nötigen Elektrolyte.

Reizzustände der Sehnen (Tendinosen)

Ursachen und Auslöser: Akute Überlastung durch zu hohen Trainingsumfang, falsches Schuhwerk, falscher Laufuntergrund, falsche Lauftechnik. Reizzustände der Sehne, meist an ihrem Ansatzpunkt, wo sie am stärksten belastet wird. Beim Läufer sind meistens die Achillessehne, das Kniescheibenband sowie der Rückenstrecker betroffen.
Symptome: Schmerzen im betroffenen Bereich. Anfänglich nur bei Bewegung, später auch zunehmend in Ruhe.
Hilfsmaßnahmen: Ruhigstellung, Trainingspause, Tapeverband, leichte Dehn- und Kräftigungsübungen, ggf. Schuheinlagen, Absatzerhöhung. Vorbeugung: Stretching, leichtes Krafttraining, richtige Wahl des Laufuntergrunds, passendes Schuhwerk.

Sehnenscheidenentzündung

Ursachen und Auslöser: Akute Überlastung. Durch Entzündung der Sehnenscheide tritt Eiweiß aus. Als Komplikation kann es auch zur Verklebung der Sehnenscheide mit der Sehne kommen, wodurch die Funktionsfähigkeit der Sehne eingeschränkt wird. Tritt bei Läufern meist im Bereich der Achillessehne auf.
Symptome: Starke Schmerzen im betroffenen Bereich.
Hilfsmaßnahmen: Kalte Umschläge, sonst wie bei Sehnenreizungen.

Verstauchungen (Distorsionen)

Ursachen und Auslöser: Kurzfristiges und gewaltsames Überdehnen des normalen Bewegungsausmaßes eines Gelenks, häufig bei Laufen auf unebenem Untergrund. Schädigung der Bandansätze, des betroffenen Nervengewebes, der Blutgefäße und Einreißen des Kapselbandapparats möglich. Meist sind die Knie- und Sprunggelenke betroffen.

Oft treten auch begleitende Schäden an Knochen- und Knorpelteilen des Gelenks auf.
Symptome: Schmerzen im betroffenen Gelenk, nicht genau lokalisierbar. Gelenkschwellung, anormale Gelenkstellung, Einschränkung der Beweglichkeit, Wärmeempfindung.
Hilfsmaßnahmen: Ruhigstellung, Kälteanwendung, Hochlagerung. Sportarzt hinzuziehen, da vielleicht Bänder zerrissen sind und genäht werden müssen. Therapie: Drei Wochen ruhig stellen, die Verletzung muss vor neuer Belastung vollständig ausgeheilt sein, da die Gefahr besteht, dass Bänder und Kapselteile schlaff werden.

Das Training mit einem Endspurt zu beenden, ist ein typischer Anfängerfehler. Wenn Sie sich zum Ende der Übungen etwa zehn Minuten mit einer Intensität im regenerativen Bereich bewegen, wird die Durchblutung zusätzlich angeregt und damit das Stoffwechselendprodukt Laktat besser aus den Muskeln abtransportiert.

Erst abwärmen – dann Stretching

Eine Viertelstunde Cardiotraining sollten Sie nach jedem Workout erübrigen. Steigen Sie auf den Stepper, aufs Fahrradergometer, setzen Sie sich auf das Rudergerät oder benutzen Sie das Laufband. Wählen Sie jeweils eine Intensität, bei der Sie nicht total außer Atem kommen, sondern bei der Sie sich noch mit Ihrem Trainingsnachbarn unterhalten können. Danach folgen Dehnübungen für alle beim Kraftprogramm beanspruchten Körperpartien, denn Stretching löst Muskelverhärtungen, sorgt für eine bessere Durchblutung der Muskulatur und beschleunigt die Erholung nach Muskelermüdung.

Dehnen wie eine Katze

Stretching stellt eine wissenschaftlich begründete Form der Gymnastik dar, die die Dehnungseigenschaften von Muskeln, Sehnen, Bändern, Gelenkkapseln und Muskelhüllen sowie deren Nachbargewebe erheblich verbessert.
Untersuchungen haben ergeben, dass der Mensch mit zunehmender Ungelenkigkeit, Unbeweglichkeit und Steifheit auch sein Bewegungs- und Körpergefühl verliert. Tut man jedoch etwas für die Gelenkigkeit, Beweglichkeit und Geschmeidigkeit, dann entwickelt sich wieder die bewusste Empfindung für Bewegung und Körperfunktionen. Das Erleben von Spannung und Entspannung beseitigt zudem Verkrampfungen und steigert so auch das psychische Wohlbefinden.

So dehnen Sie optimal

Es gibt verschiedene Methoden des Stretchings:

- Passives statisches Stretching
- Aktives statisches Stretching
- Anspannungs-Entspannungs-Stretching

Jede dieser Methoden hat verschiedene Auswirkungen und Vorteile, die wir Ihnen hier vorstellen.

Stretching ist nicht nur sinnvoll, um nach einseitigen Belastungen Verspannungen und Dysbalancen zu vermeiden. Trainingsanfängern erleichtert es zusätzlich, ihr Körpergefühl und Körperbewusstsein aktiv zu erleben und zu verbessern.

Methode 1

Hier wird der Muskel langsam gedehnt, bis Sie ein leichtes Ziehen spüren (keinen Schmerz!). In dieser Position verharren Sie 10 bis 30 Sekunden. Die Dehnungsintensität haben Sie genau dann richtig dosiert, wenn Sie während dieser gehaltenen Dehnung spüren, dass das Spannungsgefühl im Muskel nach etwa zwei bis vier Sekunden deutlich nachlässt.

Schließlich lockern Sie die Dehnung ganz langsam (niemals abrupt). Nach einer kurzen Pause, die in etwa der Länge der Dehnung entspricht, dehnen Sie den Antagonisten (Gegenspielermuskel). Gegenspieler sind Brust/Rücken, Bauch/Rücken, vorderer/hinterer Oberschenkel, vorderer/hinterer Unterschenkel, Bizeps/Trizeps, Po/Hüfte. Insgesamt wird jede Übung 2- bis 3-mal durchgeführt.

Vorteile dieser Methode:

- Leicht zu lernen
- Sehr effektiv
- Einsetzbar bei Warm-up und Cool-down
- Fördert die Entspannung

Methode 2

Während der Dehnung eines Muskels spannen Sie seinen Gegenspieler an. Zunächst konzentrieren Sie sich wie bei Methode 1 auf die Dehnung des Muskels. Dann kontrahieren Sie langsam den Antagonisten, dadurch wird die Dehnung noch verstärkt.

Jede Übung wird nach einer Pause von 10 bis 20 Sekunden wiederholt. Diese Methode ist überwiegend eine Ergänzung von Methode 1. Sie sollten sie vorwiegend bei denjenigen Muskelgruppen anwenden, die sehr verspannt, verkürzt oder sogar bereits vorgeschädigt sind (etwa durch alte Verletzungen).

Die Vorteile von Methode 2:
- Sehr effektiv
- Relativ einfach zu lernen
- Besonders geeignet für Problemmuskeln

Methode 3

Das so genannte Anspannungs-Entspannungs-Stretching wird überwiegend in der Bewegungstherapie eingesetzt und hilft bei ausgeprägten Verspannungen und Verkürzungen.
Zuerst wird wieder wie bei den anderen beiden Methoden auch langsam bis zum leichten Ziehen gedehnt. Dann spannen Sie den Muskel maximal gegen einen äußeren Widerstand isometrisch an. Als Hilfsmittel dazu können die Hand, ein Partner oder auch eine Wand oder ein Gerät dienen – also alles, was je nach Übung einen stabilen Widerstand bieten kann.
Isometrisch bedeutet, dass der Muskel während des Anspannens immer dieselbe Länge behält, d. h. nicht bewegt wird. Spannung 6 bis 10 Sekunden halten, dann 2 bis 4 Sekunden entspannen und noch mal etwa 10 Sekunden weiter dehnen. Diese Abfolge wiederholen Sie 2-mal.
Vorteile dieser Methode:
- Besonders wirksam
- Kräftigt schwache Muskelpartien
- Wirkt durchblutungsfördernd

Die richtige Atmung ist auch beim Stretching sehr wichtig: Während des Dehnens langsam, gleichmäßig und bewusst ein- und ausatmen. Auf keinen Fall die Luft anhalten!

Diese Fehler sollten Sie vermeiden

- Vermeiden Sie auf jeden Fall jähe, ruckartige Bewegungen bei den Übungen.
- Auch Nachfedern und Wippen in der Dehnposition sind kontraproduktiv und können zu Verletzungen führen.
- Halten Sie nicht den Atem an, auch wenn's mal zieht, sondern atmen Sie ruhig und gleichmäßig weiter.
- Verkrampfen Sie sich nicht, sondern versuchen Sie, sich bewusst zu entspannen.

Das Stretching-Workout

1. Vorderer Oberschenkel: Aufrechter Stand, mit einer Hand festhalten. Die andere Hand greift den Fußspann. Das Bein anwinkeln. Hüfte vorschieben, bis Sie ein Ziehen im Oberschenkelstrecker verspüren.

2. Hinterer Oberschenkel: Rückenlage. Ein Bein ausstrecken, das andere nach oben führen. Hände unterhalb der Kniekehle platzieren und das Bein in Richtung Brustkorb ziehen.

3. Adduktoren: Auf den Boden setzen. Die Fußsohlen gegeneinander legen und zum Körper ziehen. Mit den Händen ein wenig auf die Knie drücken.

4. Abduktoren: Rückenlage. Ein Bein anwinkeln und den Unterschenkel über den Rumpf führen. Mit dem Knie des anderen Beins gegen den Unterschenkel drücken.

Das Stretching-Workout

1. Wade: Vor eine Wand stellen und die Hände auflegen. Einen Fuß zurücksetzen (großer Schritt) und die Ferse in Richtung Boden drücken.

2. Wade: Aus dem Stand den Rumpf mit geradem Rücken vorbeugen. Ein Bein vorstrecken, das andere beugen. Mit den Händen oberhalb des Knies sanft pressen.

3. Po: Im Stehen ein Bein beugen und anheben. Den Unterschenkel auf einem Tisch oder einer Bank ablegen. Das Standbein so weit einknicken, bis Sie das Ziehen im Pomuskel spüren.

4. Hüfte: Den Fuß auf einen Tisch oder eine Bank setzen. Die Hüfte vorschieben.

Das Stretching-Workout

1. Bauch: Bauchlage. Hände neben den Schultern aufsetzen. Rumpf hochdrücken, dabei gegen die Decke blicken.

2. Bauch: Das linke Bein ausstrecken, das andere darüber kreuzen. Mit der rechten Hand aufstützen, den linken Ellbogen gegen das aufgestellte Bein drücken. Nun den Oberkörper sanft nach rechts drehen. Zur anderen Seite wiederholen.

3. Bauch: Rückenlage, Arme zur Seite wegstrecken. Beine nacheinander anziehen, aufstellen und zur Seite kippen. Dabei zur Gegenseite schauen.

Das Stretching-Workout

1. Rücken: Schrittstellung, Rumpf vorbeugen. Einen Arm ausstrecken und an einer Türklinke o. Ä. festhalten. Brust leicht in Richtung Boden drücken.

2. Rücken: Beine übereinander kreuzen. Eine Hand in die Seite stützen, den anderen Arm im Bogen über den Kopf und zur anderen Seite führen.

3. Rücken: Vierfüßlerstand. Den Rücken rund nach oben drücken, anschließend die Brust zum Boden wölben.

4. Rücken: Auf einen Stuhl oder eine Bank setzen. Die Arme unter den Beinen verschränken und den Kopf tief nach unten beugen.

Das Stretching-Workout

1. Brust: Mit dem Rücken zum Türrahmen stellen. Eine Hand an den Rahmen legen und die Brust vorschieben. Die Übung ist noch effektiver, wenn der Arm dabei lang ausgestreckt wird.

2. Brust: Vor einen Hocker knien und beide Hände auf die Kante legen. Arme lang, Brust zum Boden drücken.

3. Brust: Aufrechter Stand. Arme hinter den Rücken führen und Hände verschränken. Beide Arme so weit anheben, bis Sie ein leichtes Ziehen im Brustmuskel verspüren.

4. Schultergürtel/ Nacken: Den Kopf zur einen Seite neigen und mit der Hand leichten Druck ausüben. Seitenwechsel.

Das Stretching-Workout

1. Schultergürtel/ Nacken: Kopf vorneigen und mit beiden Händen leicht gegen den Hinterkopf drücken.

2. Schultergürtel/ Nacken: Einen Arm beugen und rechtwinklig vor den Körper führen. Mit der anderen Hand gegen den Ellbogen pressen.

3. Trizeps: Einen Arm neben dem Kopf hochstrecken und den Unterarm beugen. Mit der anderen Hand leicht am Ellbogen ziehen.

4. Bizeps: Rechten Arm lang ausstrecken, Handrücken zeigt zum Boden. Mit der linken Hand die rechte greifen und deren Finger sanft nach unten biegen.

Zeit für Regeneration und Entspannung

Muskeln wachsen nicht während des Trainings, sondern in den Erholungsphasen zwischen den Belastungseinheiten. Zur Reparatur des Muskelgewebes und zum Auffüllen der Energie braucht der Körper einige Zeit.

Es gibt jedoch Methoden, diese Regenerationszeiten zu verkürzen bzw. die Wiederherstellung zu unterstützen. Zum einen sind dies aktive Maßnahmen wie Spazierengehen, Schwimmen, Yoga, autogenes Training und Stretching, andererseits können auch passive Indikationen hilfreich sein. Zu den effektivsten dieser Kategorie gehören Sauna, warme Bäder, Massage, Rotlicht und viel Schlaf.

Das Hormon Serotonin ist für Schlaf und Entspannung zuständig. Während des Saunierens erhöht sich der Serotoninspiegel. Deshalb fühlen wir uns danach so erholt.

Belebt und entschlackt – Sauna

Wichtig für alle Saunaanfänger: Übertreiben Sie's nicht. Fangen Sie mit kurzen Gängen von je fünf bis acht Minuten Länge an. Wenn Sie die Wahl zwischen mehreren Saunen haben, setzen Sie sich zuerst ins Biosaunarium. Dort wird's nicht ganz so heiß, und die verschiedenen Lichtphasen verstärken die belebende Wirkung.

Tipps für das gesunde Schwitzen

- Nehmen Sie ein warmes Fußbad, bevor Sie die Sauna betreten.
- Die finnische Sauna bietet verschiedene Temperaturen an. Beginnen Sie bei 85 bis 95 °C.
- Achtung: Nach jedem Gang zunächst kurz lauwarm abduschen, dann kalt (von unten nach oben).
- Falls Sie in das eiskalte Tauchbecken steigen wollen, tun Sie es nach und nach, und lassen Sie sich dafür mindestens 20 Sekunden Zeit. Das schont Herz und Kreislauf.
- Gönnen Sie sich nach dem Abkühlen eine Ruhephase, die etwa doppelt so lang ist wie Ihre Zeit in der Sauna.
- Wichtig: Durch das Schwitzen verlieren Sie viel Flüssigkeit. Dennoch sollten Sie erst nach dem Saunabesuch viel trinken, denn sonst blockieren Sie den Entschlackungsprozess. Ideal sind Schorlen oder kohlensäurearmes Mineralwasser.

Bäder mit aromatischen Essenzen

Ein Bad mit einer Wassertemperatur leicht über Körperwärme (um 40 °C) beschleunigt ebenfalls die Regeneration. Besonders, wenn Sie ätherische Öle als Badezusätze verwenden. Diese wirken einerseits vitalisierend und durchblutungsfördernd, gleichzeitig aber auch entspannend.

Geeignet sind beispielsweise Teebaumöl oder die ätherischen Öle von Rosmarin, Vetiver, Eukalyptus, Minze und Zitruspflanzen. Die ätherischen Öle können unverdünnt schwere Hautreizungen bewirken, deshalb nie einfach ins Badewasser schütten! Verrühren Sie 10 bis 20 Tropfen Ihres bevorzugten ätherischen Öls oder einer Mischung mit etwas Honig, Sahne oder einem guten Pflanzenöl.

Um gleichzeitig eine hautpflegende Wirkung zu erzielen, können Sie auch Jojoba-, Johanniskraut- oder Avocadoöl hinzufügen. Ihr Relaxbad sollte nicht länger als 20 Minuten dauern.

Massagen wendet man schon seit Tausenden von Jahren an. Sie sind nicht nur ein Heilmittel für den Körper, sondern auch für die Seele. In der Sportmedizin werden sie angewandt, da durch Massagen der Muskeltonus verbessert wird und Muskel- und Sehnenverletzungen vorgebeugt werden kann.

Verspannungen wegmassieren

Das Streichen, Kneten, Zupfen und Walken von Muskel- und Hautgewebe hilft nicht nur gegen Verspannungen und Verhärtungen. Durch gezielte Massagen können Sie auch den Abtransport von Stoffwechselschlacken beschleunigen. Falls Sie mal keinen Masseur zur Verfügung haben, können Sie auch selbst Hand anlegen.

- Streichen Sie zunächst den Körper mit sanftem Druck aus. Beginnen Sie dabei unten an den Füßen und Unterschenkeln, und fahren Sie über die Oberschenkel fort.
- Danach folgen die Arme, angefangen bei den Fingerspitzen, in Richtung Schultern.
- Schließlich bearbeiten Sie Bauch- und Brustmuskeln.
- Die Abdominalpartie massieren Sie von unten nach oben, die Brustmuskeln von innen nach außen.
- Die Körperrückseite (Nacken, Schultergürtel und Rücken) ist allein schwer zu bearbeiten. Mit Hilfe eines Tennis- oder Massageballs kommen Sie jedoch auch an entlegene Stellen: Platzieren Sie den Ball auf dem Boden, und legen Sie sich so darauf, dass Sie mit der zu massierenden Partie Kontakt zum Ball haben. Bewegen Sie sich nun in kreisenden Bewegungen auf dem Ball. Versuchen Sie, dabei möglichst locker zu bleiben, und atmen Sie ruhig und gleichmäßig.

Training und Ernährung

Essen Sie sich schlank und stark

Mal ehrlich: Würden Sie einen Benziner mit Diesel betanken? Sicherlich nicht. Mit unserem Körper nehmen wir Menschen es hingegen oft nicht so genau. Dabei kommt es doch sowohl im Alltag und im Berufsleben als auch beim Sport auf den richtigen »Kraftstoff« an. Es ist keine Binsenweisheit: Der Mensch ist, was er isst.

Eines vorweg. Sie werden in diesem Buch keine Diättipps finden. Denn die Jojoeffekte, die bei eingeschränkter und teilweise mangelhafter Ernährungs- und Nährstoffzufuhr auftreten, sind heutzutage hinlänglich bekannt. Vielmehr werden Sie auf diesen Seiten Empfehlungen bekommen, wie Sie mit einem sinnvollen Nahrungsinput und einem darauf abgestimmten Energieoutput durch Bewegung Ihr Gewicht halten oder auch reduzieren können.

Die Leber spielt bei der Verdauung eine wichtige Rolle. Sie produziert bis zu einem Liter Flüssigkeit für die Aufspaltung der Fette aus der Nahrung. Eiweiße werden in Aminosäuren gespalten, Zucker wandelt sie in Glykogen um, das als Energiespeicher für den Körper in der Leber und den Muskeln eingelagert wird.

Der Mix macht's

Das reine Kalorienzählen allein bringt Sie in punkto Gewicht und Figur nicht besonders weit. Ernährungsexperten wissen, dass nur die richtige Kombination bestimmter Nahrungsgruppen auf Dauer zu einem gesunden Essverhalten führt. Die Deutsche Gesellschaft für Ernährung (DGE) hat verschiedene Lebensmittel in Gruppen aufgeteilt und in einem Ernährungskreis zusammengefasst. Wenn Sie sich danach richten, wird Ihr Körper mit allem Wesentlichen versorgt sein.

Die Kraftquelle – Kohlenhydrate

Kohlenhydrate sind die wichtigste Energiequelle für alle physischen und mentalen Leistungen und darum essenziell für eine funktionierende Muskel-, Gehirn- und Nerventätigkeit. Damit Sie konzentriert arbeiten können und Ihr Körper den Anforderungen im Sport gerecht wird, ist eine ausreichende Zufuhr sehr wichtig. Gespeichert werden die Kohlenhydrate als Glykogen in den Muskeln und in der Leber: Ohne Glykogenreserve kann sie nicht arbeiten und Fette aufspalten.

Aufbau des Speiseplans

Gruppe	Produkte	Ernährungsbestandteile
1 (sollte 25 % der Nahrung ausmachen)	Getreide, Getreideprodukte, Kartoffeln	Kohlenhydrate, Eiweiß, Ballaststoffe, B-Vitamine
2 (sollte 25 % der Nahrung ausmachen)	Gemüse, Hülsenfrüchte	Vitamine, Eiweiß, Mineralstoffe, Kohlenhydrate
3 (sollte 10 % der Nahrung ausmachen)	Obst	Vitamine, Mineralstoffe
4 (sollte 15 % der Nahrung ausmachen)	Getränke	Wasser
5 (sollte 12 % der Nahrung ausmachen)	Milch, Milchprodukte	Eiweiß, Kalzium, B-Vitamine
6 (sollte 8 % der Nahrung ausmachen)	Fisch, Fleisch, Eier	Fett, Eiweiß, Vitamin D, Jod, Eisen
7 (sollte 5 % der Nahrung ausmachen)	Fette, Öle	Fett, fettlösliche Vitamine

Drei Sorten Zucker

Zucker ist nicht gleich Zucker. Man unterscheidet dabei drei verschiedene Arten:

Die nötigen Kohlenhydrate über Obst, Gemüse, Kartoffeln und Getreide zu sich zu nehmen, hat den angenehmen Effekt, dass man gleich den täglichen Bedarf an Vitaminen und Mineralien decken kann.

- Monosaccharide (Einfachzucker), z. B. Traubenzucker (Glukose), Fruchtzucker (Fructose)
- Disaccharide (Zweifachzucker), etwa Malzzucker (Maltose), Milchzucker (Laktose), Saccharose aus Zuckerpflanzen (Rüben, Rohr)
- Polysaccharide (Vielfachzucker), in Obst und Gemüse sowie als Stärke in Kartoffeln und Getreide (Erzeugnisse: Brot, Nudeln, Reis, Müsli)

Ihren täglichen Bedarf an Kohlenhydraten sollten Sie zum größten Teil aus der dritten Zuckergruppe decken, den so genannten komplexen Kohlenhydraten. Diese haben die höchste Sättigungswirkung und halten am längsten vor.

Hier sollten Sie zugreifen

Hauptbestandteile Ihrer Mahlzeiten sollten darum Vollkornprodukte, Salate, Gemüse, Hülsenfrüchte (Erbsen, Bohnen) und Obst sein. Bevorzugen Sie dabei möglichst frische Produkte: Vor allem bei der Auswahl von Obst und Gemüse sollten Sie auf die Sorten zurückgreifen, die in der jeweiligen Saison auf dem Markt sind.

Wertvoller Ballast

Der Name ist irreführend: Ballaststoffe belasten und beschweren den Körper nicht. Im Gegenteil: Sie haben zahlreiche Vorzüge, vor allem, wenn es um eine vollwertige und ausgewogene Ernährung geht.

- Sie haben keine Kalorien.
- Sie hüllen wichtige Nährstoffe ein und schützen sie.
- Sie regen Stoffwechsel und Verdauung an.
- Sie sorgen für eine bessere Durchblutung des Zahnfleischs, denn ballastreiche Nahrung müssen Sie länger kauen.
- Im Dickdarm nehmen sie Flüssigkeit auf und mit dieser auch schädliche Stoffe, die mit ihnen ausgeschieden werden.

Schon 1860 nannte man die unverdaulichen Teile der Nahrung Ballaststoffe. Allerdings verstand man damals Haare, Steine und Sand darunter. Heute zählen wir dazu hauptsächlich unverdauliche Pflanzenfasern. Jeder Mensch sollte täglich etwa 30 Gramm Ballaststoffe zu sich nehmen. Mit einem Müsli zum Frühstück ist ein Großteil der Tagesration schon gedeckt.

Fett – weniger ist mehr

Eine gewisse Fettmenge ist wichtig, um bestimmte Vitamine (A, D, E, und K) aufnehmen zu können. Fett fungiert auch als Geschmacksträger, denn es bringt Aromastoffe zur Geltung. Als Faustregel für die tägliche Fettzufuhr gilt: höchstens ein Gramm pro Kilogramm Körpergewicht. Das macht für einen Durchschnittsmenschen pro Tag zwischen 60 und 80 Gramm. Der tatsächliche Verzehr liegt pro Kopf allerdings mit rund 100 Gramm weit über dem Limit.

Wenn Sie für eine Zeit besonders ernährungsbewusst leben wollen, sollten Sie diese Menge auf 30 bis 50 Gramm reduzieren. Ihren Bedarf sollten Sie möglichst durch pflanzliche bzw. essenzielle Fette abdecken, die reich an einfach und mehrfach ungesättigten Fettsäuren sind. Diese Elemente sorgen für eine Gesunderhaltung des Blutes und begünstigen seine Fließfähigkeit.

Ein nützliches Polster

Fette stellen das größte Energiedepot im Organismus dar. Ein Körperfettanteil von 15 Prozent ist bei Männern normal, bei Frauen sollte der Anteil 20 bis 25 Prozent betragen. Zum anderen schützt Fett innere Organe vor Einflüssen von außen (Prellungen, Stöße) und ist Bestandteil von Zellmembranen und Gewebshormonen.

Ein weit verbreiteter Irrtum ist, dass schlanke Menschen grundsätzlich einen niedrigen Körperfettanteil haben. Falsche Ernährung und Bewegungsmangel können auch aus einem äußerlich schlanken Menschen innerlich einen »Dicken« machen. Worauf es nämlich vor allem ankommt, ist das ausgewogene Verhältnis von aktiver und passiver Körpermasse. Aktiv bezeichnet in diesem Zusammenhang die Muskulatur, als passiv hingegen gelten Fett, Bindegewebe, Organe, Knochen, Sehnen, Bänder und Haut.

Durch eine regelmäßige sportliche Betätigung in Kombination mit einer ausgewogenen und gesunden Ernährung können Sie das Verhältnis von aktiver (Muskel-) zu passiver (Fett-)Masse zu Ihren Gunsten beeinflussen.

Proteine sind die Grundbausteine aller lebenden Zellen. Sie bilden nicht nur das Zellgerüst, sondern sind auch Enzyme, Hormone, Transport- und Farbstoffe. Als Energielieferanten für den Stoffwechsel des Körpers werden sie erst eingesetzt, wenn die Kohlenhydrat- und Fettreserven aufgebraucht sind.

Proteine – die Muskelbausteine

Eiweiß ist Aufbaustoff für Zellen, Muskeln, Organe, Haare, Enzyme und Blut. Es ist vom menschlichen Organismus nur in begrenzten Mengen speicherbar, muss daher täglich zugeführt werden. Erwachsene mit mäßiger körperlicher Aktivität brauchen täglich etwa 0,8 Gramm Proteine pro Kilogramm Körpergewicht.

Allerdings ist hier genau wie bei den Fetten die durchschnittliche Aufnahme pro Kopf mit 1,2 bis 1,4 Gramm pro Tag eindeutig zu hoch. Lediglich für Kraftsportler wie etwa Bodybuilder ist eine erhöhte tägliche Aufnahme von 1,1 bis 1,7 Gramm Eiweiß pro Kilogramm Körpergewicht sinnvoll.

So können Sie Fett einsparen

- Nehmen Sie zum Braten und Kochen statt Butter und Margarine lieber ein pflanzliches Öl (z. B. Olivenöl, Sonnenblumenöl, Distelöl oder Keimöl).
- Suchen Sie Ihren Aufschnitt (Käse, Wurst) nach seinem Fettgehalt aus. Faustregel für Wurstwaren: je feiner die Verarbeitung, desto mehr Fett (z. B. in Tee-, Leber- und Cervelatwurst).
- Auch viele Süßigkeiten enthalten Fett. Reduzieren Sie den Konsum von Schokolade, Kuchen, Keksen und Pralinen.
- Statt Fleisch öfter mal Fisch essen. Meeresfrüchte, Schaltiere, See- und Süßwasserfisch sind optimal (zwei bis drei Portionen pro Woche). Seltener verzehren sollten Sie hingegen Aal, Lachs, Matjes und Fischkonserven in sahnigen Saucen.

Man kann des Guten zu viel tun

Sehr hohe Mengen Eiweiß von bis zu vier Gramm, wie sie noch vor über einem Jahrzehnt empfohlen wurden, sind nach dem heutigen Stand der Ernährungswissenschaft nicht sinnvoll. Wichtiger ist für den Kraftsportler dagegen eine ausreichende Kohlenhydratzufuhr. Die wird nämlich zur Absolvierung des Trainingspensums als Energielieferant benötigt. Werden zu wenig Kohlenhydrate zugeführt, muss der Körper das wertvolle Protein zweckentfremden und daraus seine Energie beziehen.

Die hochwertigsten und komplexesten Eiweißgeber sind in Mischkost enthalten. Hier können pflanzliche und tierische Proteine zusammen eine biologische Wertigkeit erreichen, die jene einzelner Produkte übersteigt. Am sinnvollsten sind Kombinationen aus:

- Kartoffeln mit Fleisch, Fisch, Ei oder Milch
- Getreide mit Milchprodukten oder Ei, beispielsweise Käsebrot oder Cornflakes mit Milch
- Getreide und Hülsenfrüchte, etwa Grünkern mit Bohnen

Vitamine haben keine einheitlichen biochemischen Strukturen. Sie gehören verschiedenen Stoffklassen an. Sie ähneln in ihrer Funktion allerdings den Enzymen und Hormonen, da sie chemische Vorgänge im Körper unterstützen.

Konzentrate – das Für und Wider

Proteinkonzentrate, wie sie in vielen Fitnessstudios zum Kauf angeboten werden, sind bei abwechslungsreicher Ernährung eigentlich nicht mehr notwendig.

Ihr Vorteil liegt jedoch in der einfachen Zubereitung und darin, dass sie wenig Cholesterin und Purine, also Harnstoffe, die über die Nieren ausgeschieden werden müssen, bilden. Damit die Nieren diese Aufgabe bewältigen können, müssen Kraftsportler mit einer hohen Eiweißzufuhr entsprechend viel trinken, um ernste Schädigungen der Entgiftungsorgane zu vermeiden.

Vitamine aktivieren

Die meisten Vitamine, die der Körper braucht, kann er nicht selbst herstellen. Um gesund und leistungsfähig zu bleiben, müssen wir sie also von außen mit der Nahrung zuführen. Die Vitamine lassen sich in zwei Gruppen aufteilen:

- Die fettlöslichen Vitamine A, D, E und K
- Die wasserlöslichen Vitamine B1, B2, B6, B12, Folsäure, Pantothensäure, Niazin, Biotin und Vitamin C

Fettlösliche Vitamine

Vitamin	Wichtig für	Tagesbedarf	Mangelerscheinungen	Lieferanten
A	Schöne Haut, Bildung von Sexualhormonen, Immunsystem, Sehvermögen	Ca. 0,9 mg	Trockene Haut, Abnahme des Sehvermögens	Leber, Eigelb, Obst, Gemüse, Fischöl
D	Knochenbildung und -wachstum, Immunsystem	Ca. 5,0 µg	Abwehrschwäche, Knochenentkalkung	Eier, Butter, Fisch, Milch
E	Zellschutz	Ca. 13,0 mg	Leistungsschwäche, Unfruchtbarkeit, Nervenschäden	Pflanzenöl, Nüsse, Butter, Leber
K	Blutgerinnung, Stoffwechsel der Knochen und des Bindegewebes	Ca. 70,0 µg	Erhöhte Blutungsneigung, Osteoporose, Müdigkeit	Grünkohl, Spinat, Brokkoli, Blumenkohl

Sportler haben höheren Bedarf

Die Vitamine aus der ersten Gruppe kann der Körper nur bei gleichzeitiger Zufuhr von Fett aufnehmen. Die Vitamine aus der zweiten Gruppe kann der Körper nicht sehr lange speichern. Sie müssen sie täglich neu und in ausreichender Menge zu sich nehmen.

Mineralien sind Salze. Sie sind für den Körper lebensnotwendig, da sie den Elektrolythaushalt ausmachen. Ist dieser gestört, ist es meist eine Folge von ungünstiger Ernährung.

Besonders aktive Menschen, die viel Sport treiben, sollten auf eine ausreichende Zufuhr der oben genannten Stoffe achten. Bekommt der Organismus über einen längeren Zeitraum zu wenig davon, so machen sich Mangelerscheinungen bemerkbar, beispielsweise eine geringere Leistungsfähigkeit, ständige Müdigkeit, langsamere Regeneration und erhöhte Krankheitsanfälligkeit.

Mineralstoffe – die Leistungsmacher

Die anorganischen Mineralstoffe liefern zwar keine Nahrungsenergie, sind für den Körper aber trotzdem von lebensnotwendiger Bedeutung. Zu ihren Aufgaben gehört:

- Knochenaufbau, Zahnsubstanz (Kalzium, Phosphat)
- Muskel- und Nervenfunktionen (Kalzium, Kalium, Natrium und Magnesium)
- Regulierung des Wasserhaushalts (Kalium, Natrium)
- Aktivierung der Stoffwechselenzyme (Magnesium)

Wasserlösliche Vitamine

Vitamin	Wichtig für	Mangelerscheinungen	Lieferanten
B1	Nerven, Muskeln, Herz	Nervenschwäche, Müdigkeit	Vollkornprodukte, Hülsenfrüchte, Leber
B2	Stoffwechsel, Sehkraft	Sehstörungen, Hautveränderungen	Fisch, Milch, Fleisch, Getreide, Bierhefe
B3 (Niazin)	Stoffwechsel, Haut, Nerven	Hautveränderungen, Müdigkeit	Innereien, Fleisch, Geflügel, Hefe
B5 (Pantothensäure)	Immunsystem, Haarwuchs	Gelenkschmerzen, Haarausfall, Nervosität, Verstopfung	Leber, Hülsenfrüchte, Fisch, Eigelb, Fleisch, Milch, Walnüsse
B6	Eiweißstoffwechsel, Blutbildung	Blutarmut, Nervosität, Müdigkeit	Leber, Milch, Vollkornprodukte
B12	Blutbildung, Knochenbau	Blutarmut, Muskelschwäche, Gehstörungen	Fleisch, Fisch, Eier, Milch, Innereien

Unverzichtbar – Spurenelemente

Auch die Spurenelemente gehören zu den Mineralstoffen. Sie werden jedoch im Gegensatz zu den oben genannten Stoffen vom Körper nur in ganz geringen Mengen benötigt – wie ihr Name bereits sagt: winzige Spuren davon reichen völlig aus. Die wichtigsten sind:

Spurenelemente sind ebenfalls Mineralsalze. Unser Körper braucht davon nur geringste Mengen, obwohl viele dieser Spurenelemente unentbehrlich für den Organismus sind. Sie wirken sehr spezifisch.

- **Eisen:** Das Spurenelement sorgt für Sauerstofftransport und -übertragung sowie die Bildung des Blutfarbstoffs Hämoglobin.
Nahrungsquellen: Fleisch und Innereien, Vollkornbrot, Eigelb, roter Traubensaft und zahlreiche Gemüsesorten
- **Jod:** Das Spurenelement sorgt für eine gesunde Funktion der Schilddrüse und die damit einhergehende Stoffwechselaktivität.
Nahrungsquellen: Milch und Milchprodukte, Seefisch, Jodsalz
- **Zink:** Dieses Spurenelement ist verantwortlich für die Beschaffenheit der Haut und für die Drüsenfunktionen.
Nahrungsquellen: Meeresfrüchte, Muskelfleisch, Haferflocken, Erbsen, Nüsse
- **Selen:** Dieses Spurenelement sorgt für einen optimalen Zellschutz.
Nahrungsquellen: Schweinefleisch, Hering, Makrele
- **Chrom:** Das Spurenelement unterstützt die Wirkung von Insulin und sorgt für eine optimale Verwertung der Kohlenhydrate.
Nahrungsquellen: Käse, Fleisch, Vollkornprodukte

Tagesbedarf der wichtigsten Mineralien und Spurenelemente

Alter	Kalzium	Magnesium	Eisen	Jod	Zink
15–20 Jahre	1200,0 mg	375,0 mg	13,5 mg	175,0 µg	8,5 mg
21–25 Jahre	1000,0 mg	345,0 mg	12,5 mg	175,0 µg	8,5 mg
26–50 Jahre	1000,0 mg	325,0 mg	12,5 mg	175,0 µg	8,5 mg
51–65 Jahre	1000,0 mg	325,0 mg	10,0 mg	165,0 µg	8,5 mg
66 Jahre und älter	1000,0 mg	325,0 mg	10,0 mg	165,0 µg	8,5 mg

Den Durst löschen – aber auf gesunde Art

Eine ausreichende Flüssigkeitszufuhr ist für die verschiedensten Stoffwechselvorgänge von zentraler Bedeutung: Wasser wirkt mit beim Nähr- und Sauerstofftransport zu den Zellen, transportiert Stoffwechselendprodukte wie die Milchsäure ab und sorgt für die Regulation des Wärmeausgleichs.

Wasser ist ein Hauptbestandteil unseres Körpers. Der Wassergehalt eines Erwachsenen beträgt etwa 60 Prozent. Bei einem Verlust von zehn Prozent kommt es im Stoffwechsel zu erheblichen Störungen.

Immer genug Wasser trinken

Auch wenn Sie längere Zeit keinen Durst verspüren: Trinken Sie, vor allem in Zeiten gesteigerter Aktivität, mindestens eineinhalb Liter Wasser am Tag! Denn wenn der Durst erst mal da ist, ist dies bereits ein Warnsignal des Körpers für eine verminderte Leistungsfähigkeit. Generell gilt, dass bereits ein Flüssigkeitsverlust von etwa vier Prozent des Körpergewichts die Leistungsfähigkeit senkt. Ein Mangel an Wasser führt auf Dauer im Organismus zu unterschiedlichen Symptomen, Signalen und Komplikationen. Mittlerweile gilt als bewiesen, dass unser Körper vom frühen Erwachsenenalter an immer stärker austrocknet, weil wir die Durstsignale immer weniger wahrnehmen. Mit zunehmendem Alter vermindert sich auch der Wassergehalt in den Körperzellen. Bei hoher körperlicher Aktivität können Sie in einer Stunde sogar bis zu zwei Liter Wasser verlieren. Am besten füllen Sie Ihre Flüssigkeitsreservoirs durch Apfelschorle und natriumarmes Mineralwasser wieder auf. Machen Sie jedoch nicht den Fehler, sich direkt nach dem Sport auf die Waage zu stellen und stolz auf die verlorenen Pfunde zu sein: Diese erklären sich hauptsächlich durch den Verlust an Flüssigkeit, und der muss nun ausgeglichen werden.

Nur in sehr geringem Maß wird Alkohol über die Atemluft ausgeschieden. Die Hauptarbeit leistet die Alkoholdehydrogenase, die den Alkohol in Wasser und Kohlendioxid aufspaltet.

Leistungskiller Alkohol

Alkoholische Getränke enthalten zwar kein Fett, machen aber dennoch dick. Ein Gramm Alkohol hat gute sieben Kilokalorien, ein Gramm Fett etwa neun. Eine Flasche Wein ersetzt mit ihren 500 bis 600 Kilokalorien schon eine Mahlzeit. Die Leber hat reichlich damit zu tun, den Alkohol wieder auszuscheiden, und ihre Aufgabe des Fettabbaus wird erst mal hintenangestellt. Trinken Sie also zu einer ohnehin schon fettreichen Mahlzeit noch eine gute Menge Wein oder Bier, so wird das in den Nahrungsmitteln enthaltene Fett so lange im Körper abgelagert, bis der Alkohol vollständig aus dem Körper verschwunden ist.
Ein gelegentliches Gläschen kann sich hingegen positiv auf den Stoffwechsel auswirken. Ein kleines Bier spült die Nieren und führt dem Körper mit der Hefe einen wichtigen Nährstoff zu.

Eine ausreichende Wasserzufuhr beim Sport macht Sie nicht nur leistungsfähiger, sondern sie hilft Ihrem Körper auch, Giftstoffe auszuscheiden und Laktat abzubauen.

Frauen vertragen nur die Hälfte

Wer allerdings regelmäßig mehr als 60 Gramm Alkohol pro Tag zu sich nimmt, schadet seiner Gesundheit und riskiert auf Dauer, an einer Leberzirrhose zu erkranken. Diese Menge ist schon in einem Liter Bier oder in einem halben Liter Wein enthalten. Frauen sollten sogar nicht mehr als 30 Gramm Alkohol zu sich nehmen.

Wenn Sie also ernsthaft Sport betreiben wollen, bedenken Sie, dass Alkohol Ihre Leistungsfähigkeit stark beeinträchtigt. Er dehydriert den Organismus und schwemmt wertvolle Mineral- und Vitalstoffe aus dem Körper. Dieser reagiert darauf mit einer vermehrten Ausschüttung von Stresshormonen. Auch das Nervensystem ist von der Austrocknung betroffen – in der Folge wird der Wille und der Antrieb, sich zu bewegen, drastisch reduziert. Bei empfindlichen Personen kann dauerhafter übermäßiger Alkoholgenuss sogar zu anhaltenden Depressionen führen!

Zu den Früchten, die natürliche Fatburner enthalten, zählen Papaya, Kiwi und Ananas. Grüner Tee, Mate-, Lapacho- und Pu-erh-Tee kurbeln ebenfalls die Fettverbrennung an.

Die wichtigsten Biostoffe für Ihren Körper

Es gibt einige biochemische Substanzen, die den Fettstoffwechsel beschleunigen. Zum einen sind es bestimmte Hormone, denn manche von ihnen entscheiden über die Einlagerung von Körperfett.

Für die ausreichende körpereigene Ausschüttung dieser Hormone sind gewisse Faktoren von Bedeutung: Das Wachstumshormon beispielsweise, auch als Stresshormon bezeichnet, sorgt nachts dafür, dass Fett aus dem Fettgewebe in Energie umgewandelt wird. Dieser Vorgang beginnt eine gute Stunde nach dem Einschlafen und hält die ganze Nacht an. Darum ist es wichtig, dass Sie auf einen gesunden Schlafrhythmus achten. Damit der Körper jedoch dieses Hormon, das aus Eiweiß besteht, herstellen kann, ist eine ausreichende Proteinzufuhr von großer Wichtigkeit.

Hormone als Fettkiller

Auch Adrenalin gehört zu den fettkillenden Stresshormonen. Es mobilisiert die Glykogenreserven in der Leber, steigert die Lipolyse (die Umwandlung von Fett zu freien Fettsäuren) und sorgt so dafür, dass wir

mit genügend Energie ausgerüstet sind, um auf plötzliche Gefahren schnell reagieren zu können. Ihre Adrenalinproduktion können Sie mit ein wenig Bewegung ankurbeln: Bereits mäßige körperliche Belastungen, etwa ein kleiner Spaziergang, eine kurze Radtour oder ein paar Runden auf Inlineskates, reichen aus.
Weitere Hormone, die am Fettstoffwechsel beteiligt sind, werden in Bauchspeichel- und Schilddrüse produziert. Voraussetzung dafür ist natürlich, dass diese beiden Drüsen normal funktionieren. Eine ausreichende Jodzufuhr (durch die Schilddrüse) sowie eine gute Versorgung mit Proteinen – ähnlich wie beim Wachstumshormon – sind dabei unerlässlich.

Multifunktional – Vitamin C

Ein wahres Allroundtalent ist das Vitamin C. Neben seinen bekannten Vorzügen als Immunschutzverstärker übernimmt es z. B. auch den Schutz der Hormone auf ihrem Weg durch die Blutbahn. Mit seiner Hilfe produziert der Körper außerdem das Nebennierenhormon Noradrenalin. Essen Sie deshalb täglich zwei, drei Portionen Obst und Gemüse, um stets ausreichend mit Vitamin C versorgt zu sein.

Einen besonders hohen Gehalt an Vitamin C haben Sanddornbeeren, rote und grüne Paprikaschoten, Kiwis, Grün-, Rosen-, Rot-, Blumenkohl und Brokkoli sowie Erdbeeren, Orangen und Grapefruits.

Tagesbedarf der wichtigsten Vitamine

Alter	Vitamin B1 (Thiamin)	Vitamin B5 (Pantothensäure)	Vitamin B6	Vitamin B12	Vitamin C
15–20 Jahre	1,2 mg	6,0 mg	1,4 mg	3,0 mg	100,0 mg
21–25 Jahre	1,2 mg	6,0 mg	1,4 mg	3,0 mg	100,0 mg
26–50 Jahre	1,1 mg	6,0 mg	1,4 mg	3,0 mg	100,0 mg
51–65 Jahre	1,1 mg	6,0 mg	1,4 mg	3,0 mg	100,0 mg
66 Jahre und älter	1,0 mg	6,0 mg	1,3 mg	3,0 mg	100,0 mg

Macht munter – Koffein

Viele Sportler schwören auf den leistungssteigernden Effekt von ein, zwei Tassen Kaffee eine Stunde vor dem Training. Auch hier wird die Lipolyse, also die Umwandlung von Fett zu freien Fettsäuren, beschleunigt. In Maßen getrunken, ist Kaffee auch keineswegs gesundheitsschädlich. Mehr als vier Tassen pro Tag sollten es allerdings nicht werden. Eine sanfte und länger andauernde Wirkung hat das Koffein aus schwarzem oder grünem Tee und Guarana.

Nur für Aktive – L-Karnitin

Von diesem Stoff werden seit einiger Zeit in den Medien wahre Wunder berichtet. Er wirkt nur in Kombination mit ausreichender Bewegung. Es transportiert die Fettmoleküle zur Verbrennung in die Körperzellen. Dreimal die Woche eine halbe Stunde schwimmen, laufen oder Rad fahren aktiviert das Karnitin.

Der Körper kann Karnitin selbst herstellen, aber nur in sehr geringer Menge. Daher muss die Zufuhr durch karnitinhaltige Nahrungsquellen ergänzt werden. Die höchsten Mengen an Karnitin enthält Lammfleisch, aber auch das Muskelfleisch von Rind und Schwein ist ein wertvoller Lieferant. In geringeren Mengen ist L-Karnitin außerdem in Milchprodukten enthalten.

In mehreren Indianerkulturen wird Guarana als anregendes Mittel benutzt und besonders während der Jagd zum Wachhalten eingesetzt. Der Koffeingehalt des Guaranasamens ist etwa dreimal höher als der des Kaffees.

Kreatin kurbelt die Verbrennung an

Kreatin ist ein wichtiger Bestandteil der Skelettmuskulatur. Es sorgt u. a. dafür, dass die Laktatproduktion später einsetzt. Laktat hemmt den Abbau von Körperfett. Eine ausreichende Versorgung mit Kreatin ist darum essenziell für die Fettverbrennung. Gute Nahrungsquellen für Kreatin sind Fisch und Fleisch.

Enzyme – ein Übermaß bringt nichts

Ohne sie läuft im Stoffwechsel nichts. Sie sind an zahlreichen biochemischen Vorgängen im Körper beteiligt. Sie galten lange als Geheimtipp, um den mühseligen Weg zur schlanken Linie radikal abzukürzen. Der übermäßige Verzehr von tropischen Früchten wie Ananas und Papaya (besonders reich an den Enzymen Bromelain und Papain) und auch die Einnahme von enzymhaltigen Präparaten trägt jedoch nach heutigem Stand der Ernährungswissenschaft nicht zu einer gesteigerten Fettverbrennung bei. Aus diesem Grunde sind Nahrungsvorgaben wie etwa bei der Hollywood-Star-Diät, die sich auf eine hohe Enzymzufuhr und einen angeblich damit einhergehenden gesteigerten Fettabbau gründen, nicht empfehlenswert. Sie führen dem Körper zwar eine Menge Vitamine zu, weisen jedoch einen Mangel an Proteinen auf, die für zahlreiche Körperfunktionen essenziell sind. Die Enzyme, die Ihr Organismus braucht, kann er sich selbst aus einer vollwertigen Ernährung herstellen.

Taurin unterstützt die Hormonbildung

Diese Aminosäure (Eiweißbaustein) hilft der Hirnanhangsdrüse, ausreichend Hormone, etwa das Wachstumshormon, zu bilden. Da diese vor allem nachts aktiv sind, sollten Sie eine kleine Menge Taurin am Abend zu sich nehmen. Taurin hilft zudem bei der Aufbereitung von Gallenflüssigkeit, die für den Fettstoffwechsel sehr bedeutsam ist. Wertvolle Nahrungsquellen für Taurin sind Meeresfrüchte (Krustentiere), Fleisch und Leber.

Taurinhaltige Zwischenmahlzeit: Eine Scheibe Knäckebrot dünn mit Butter oder Margarine bestreichen, mit Krabben belegen und mit ein paar Tropfen Zitronensaft abschmecken.

Finger weg von Schlankheitspillen

- Sie sollen das Sättigungsgefühl verstärken, den Appetit drosseln, den Energieverbrauch anheizen, die Fettverdauung hemmen. Dies bedeutet massive Eingriffe in die Biochemie des Körpers.
- Nur bei extremem Übergewicht, nach Verschreibung und unter Kontrolle durch eine Arzt sowie nur für wenige Wochen sollten derartige Präparate eingesetzt werden.
- Die Risiken und Nebenwirkungen: Anstieg des Blutdrucks, Erhöhung der Pulsfrequenz, Nervosität und Schlafstörungen, Abhängigkeit von dem Mittel und sogar eine Schädigung des Herzmuskels können die Folge sein.
- Es gibt noch eine ganze Reihe von Mitteln, die fälschlicherweise zu den Appetitzüglern gezählt werden: entwässernde Mittel, Schilddrüsenhormone, Anabolika u. Ä. Auch von diesen sollte man tunlichst die Finger lassen, da sie gleichfalls gefährliche Nebenwirkungen hervorrufen können.

Besser aussehen – Tipps und Tricks

Sanfte Pflege von Kopf bis Fuß

Wer viel Sport treibt, schwitzt auch viel. Der Schweiß wird auf der Haut von Bakterien zersetzt, und unangenehmer Geruch entsteht. Damit Sie davor gefeit sind und auch die Poren Ihrer Haut nicht verstopfen, sollten Sie nach jedem Workout duschen. Und das macht der Haut ganz schön zu schaffen. Damit sie nicht austrocknet oder Sie womöglich den Säureschutzmantel beschädigen, ist die Auswahl der richtigen Reinigungs- und Pflegeprodukte sehr wichtig.

Zur Hautpflege sind auch Bäder gut geeignet. Milchbäder beispielsweise machen die Haut geschmeidig und zart, Kleiebäder wirken bei unreiner, gereizter und trockener Haut angenehm.

So bringen Sie die Haut zum Strahlen

Der Schutzmantel Ihrer Haut verhindert u. a. das Eindringen von Pilzen und Viren. Benutzen Sie darum auf jeden Fall eine schonende, pH-neutrale Duschlotion, und lassen Sie das Wasser nicht zu heiß werden. Am besten wechseln Sie zwei- bis dreimal zwischen warmem und kaltem Wasser (mit kalt abschließen). Das belebt und beugt Erkältungskrankheiten vor. Für das Gesicht ist normale Seife übrigens Gift. Eine mildere Reinigung erzielen Sie mit einer Öl-in-Wasser-Emulsion oder durch Produkte, die Molke oder Kleie enthalten.

Kosmetik auf den Typ abstimmen

Bei der Auswahl der richtigen Pflegeprodukte sollten Sie Ihren Hauttyp beachten: Menschen mit Mischhaut sind am häufigsten und müssen sich nicht sonderlich mit spezieller Pflege beschäftigen.

Falls Sie jedoch trockene, empfindliche Haut haben, die sich spröde anfühlt und zur Schuppenbildung neigt, sind Sie eher anfällig für Allergien. Ihr Säureschutzmantel braucht länger, um sich von den Strapazen des Waschens zu erholen. Bei der Reinigung des Körpers sollten Sie darum Duschöle bevorzugen. Danach die Haut nicht zu stark frottieren, sondern am besten sanft abtupfen. Anschließend tragen Sie eine stark fetthaltige Emulsion auf, nach Belieben sogar mehrmals täglich. Bevorzugen Sie für Ihr Gesicht eine milde, rückfettende Reinigungsmilch, zur Pflege eignen sich auch tagsüber nährstoffreiche Nachtcremes. Achtung: Von Peelings sollten Sie absehen. Diese schaden Ihrer ohnehin schon reizbaren Haut mehr, als sie nützen.

Gegen verstopfte Poren

Sportler mit fettiger Haut hingegen sollten die Finger von fettreichen Lotions und Cremes lassen: Durch Porenverschluss könnte es zu vermehrter Bildung von Mitessern oder Pickeln kommen. Zur Reinigung setzen Sie idealerweise nicht-rückfettende Mittel ein, etwa Waschsyndets. Sie dürfen auch ruhig öfter mal ein Gesichtswasser mit Alkohol benutzen, das überschüssiges Hautfett entfernt. Und für eine zarte Pfirsichhaut verwenden Sie ein-, zweimal pro Woche ein Peeling: Durch diese Rubbelmassage öffnen sich die Poren, und Mitesser haben bei Ihnen keine Chance mehr. Zur Verstärkung der Wirksamkeit eines Körperpeelings lassen Sie das Produkt zunächst etwas antrocknen und massieren die Haut dann mit einem Massagehandschuh oder -roller – das intensiviert die Durchblutung.

Wenn Sie's natürlicher mögen: Zink können Sie auch mit der Nahrung aufnehmen. Lieferanten sind beispielsweise Vollkornprodukte, Lachs, Garnelen, Buttermilch und Pinienkerne.

Dehnungsstreifen und Zellulite

Unschöne Risse im Unterhautgewebe sind auch bei Männern, die viel Kraftsport treiben, ein häufig auftretendes Problem. Bereits entstandene und vernarbte Risse lassen sich leider nicht wieder rückgängig machen. Neuesten Forschungen zufolge lässt die Neigung dazu auf einen Zinkmangel schließen. Wenn Sie also weiteren Rissen vorbeugen wollen, besorgen Sie sich Zinkkapseln zum Einnehmen, oder fragen Sie in Ihrer Apotheke nach entsprechenden Cremes.

Ein typisch weibliches Phänomen ist jedoch leider die Zellulite. Jede dritte Frau, aber nur jeder 100. Mann leidet darunter. Der Grund: Das elastische Bindegewebe der Unterhaut ist bei Frauen lockerer vernetzt als bei Männern, denn es muss sich bei Schwangerschaften ausdehnen können. Eine große Mitschuld an der so genannten Orangenhaut trifft die Östrogene (weibliche Geschlechtshormone), die zusätzlich für ein weicheres Gewebsnetz sorgen. Diese Tatsache begünstigt eine taschenförmige Ausweitung der eingelagerten Fettzellen. Jede dieser Zellen kann ihr Volumen bis auf das 200fache vergrößern.

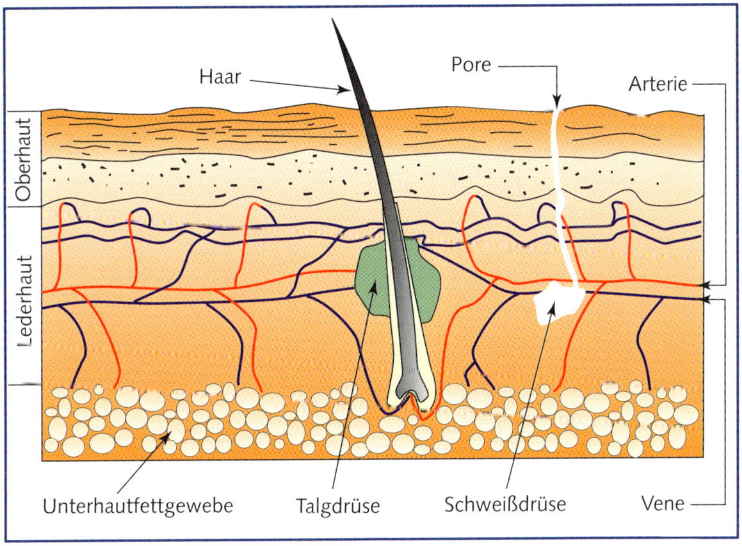

Die aus drei Schichten aufgebaute Haut erfüllt nicht nur eine wichtige Schutzfunktion; sie ist auch ein unersetzliches Sinnesorgan sowie ein Speicher für Nährstoffe und Wasser.

Das hilft gegen Orangenhaut

Abhilfe bei Zellulite schaffen eine fettarme Ernährung in Kombination mit sportlicher Betätigung und eine manuelle Behandlung mit speziellen Produkten. Teure Präparate aus der Parfümerie versprechen leider meist mehr, als sie tatsächlich bewirken können: Viele Mittel haben lediglich einen zeitlich begrenzten Straffungseffekt.

Als wirksam haben sich hingegen kurze Massagen (kneifen, kneten) der betroffenen Partien in Kombination mit durchblutungsfördernden Essenzen wie etwa Efeu, Rosmarin, Ingwer- und Zimtöl erwiesen. Noch ein Tipp: Kieselsäure (Silicea) ist ein Bestandteil des Bindegewebes, der dessen Straffheit gewährleistet. Der Gehalt im Körper nimmt jedoch mit zunehmendem Alter ab. Sie können mit siliceahaltigen Cremes oder der Einnahme von Kieselsäurekapseln gegensteuern.

Zellulite wird im Übrigen häufig von Wassereinlagerungen begleitet. Deshalb ist das Zusammenspiel der Mineralstoffe Natrium und Kalium, den beiden »Wasserregulatoren« des Körpers, für von Zellulite Betroffene von entscheidender Bedeutung: Natrium bindet Wasser im Gewebe, der Gegenspieler Kalium fördert hingegen die Ausscheidung. Reich an Kalium sind u. a. Bananen, Aprikosen, Tomaten, Spargel, Weintrauben und nicht gesalzener Reis.

Mit Melisse, Pfefferminze, Ingwer und Kümmel – als Gewürz oder Tee verwendet – können Sie den Stoffwechsel anregen und damit zur Entschlackung des Bindegewebes beitragen.

Antizellulitemassage

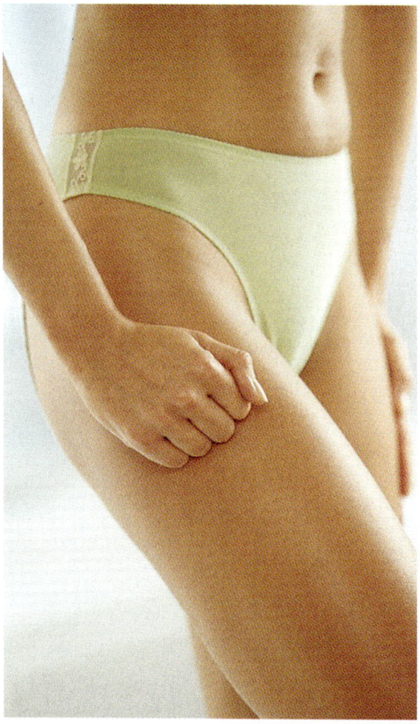

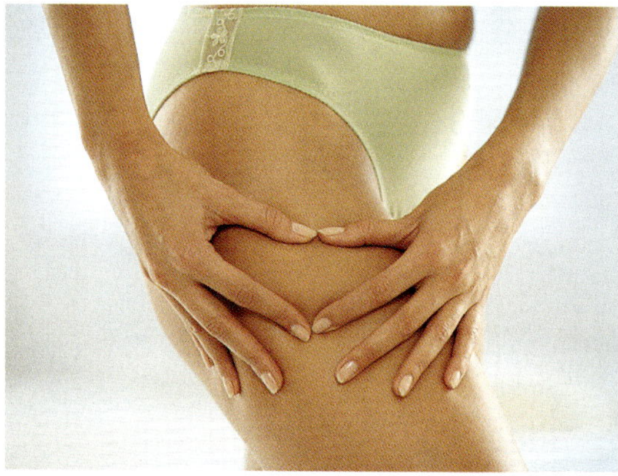

Beide Hände auflegen und leicht wölben. Mit sanftem Druck die Fingerspitzen und Daumen in kleinen Kreisen bewegen – dabei kommen die Hände aufeinander zu.

Eine Faust machen und mit den Fingerknöcheln kräftig über die Haut streichen. Von oben nach unten und wieder zurück. Wenn sich die Haut rötet, ist alles gut durchblutet.

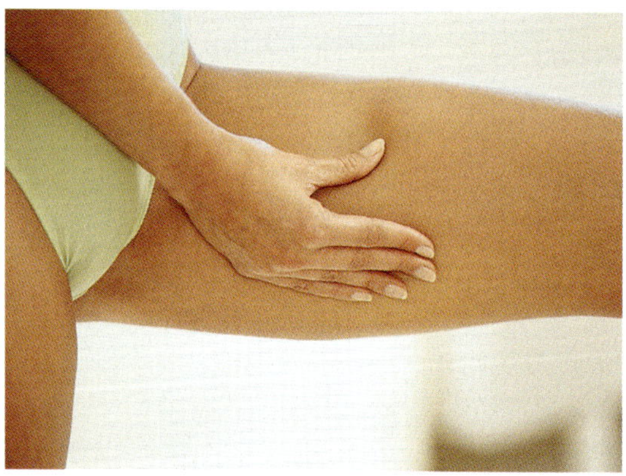

Die Haut fest zwischen Daumen und Finger nehmen und dann nach oben ausstreichen – so als ob man sie im Zeitlupentempo abzupft. Dabei nicht zu kräftig kneifen, sonst gibt's blaue Flecke.

Antizellulitemassage

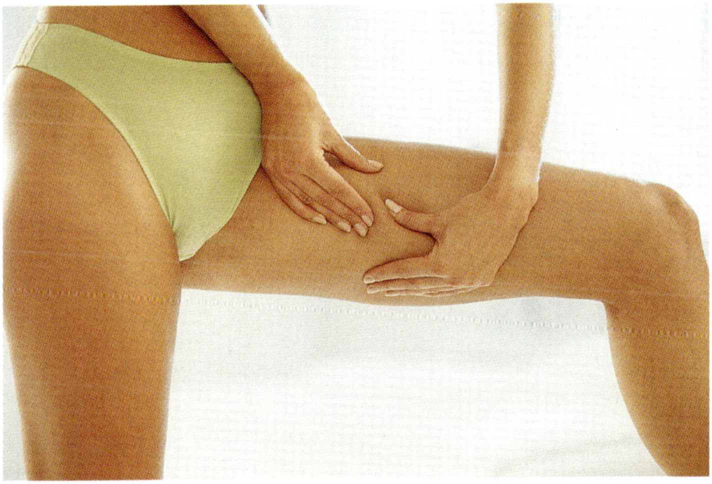

Mit den Fingern und Daumen die Haut fassen und s-förmig hin- und herschieben. Dieser Griff geht buchstäblich unter die Haut und erzeugt einen starken Reiz auf das Gewebe. Deshalb wirklich nur ganz sanft massieren!

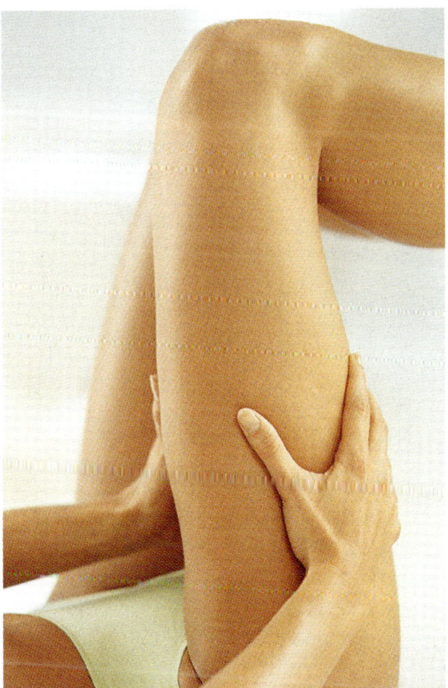

Für die entstauende Beinmassage die Beine hochlegen und den Oberschenkel mit beiden Händen umfassen. Mit leichtem Druck Stück für Stück bis zum Knie massieren – und wieder retour. Dann ist der Unterschenkel dran: Hier vom Knie zum Fußknöchel und zurück massieren. Beinwechsel.

Das macht raue Hände wieder weich

Auch Ihre Hände brauchen die richtige Pflege. Gönnen Sie trockener Haut gelegentlich ein Bad in warmem Olivenöl. Das macht die Hände weich und geschmeidig. Öle wie Avocado und Jojoba eignen sich natürlich ebenso gut. Ein perfektes Peeling erzielen Sie, wenn Sie in den Handteller etwas Zucker geben, Öl darauf träufeln und mit beiden Händen etwa zwei Minuten lang eine Waschbewegung imitieren. Das entfernt abgestorbene Hautschüppchen und lässt die Haut wieder zart erscheinen.

Schwielen an Händen und Füßen entfernen Sie am besten mit einem Bimsstein nach einem lauwarmen Seifenbad. Danach können Sie auch die Nagelhaut ein wenig zurückschieben, am besten mit einem Holz- oder Wattestäbchen. Zur abschließenden Pflege eignen sich Hand- und Fußcremes, die Harnstoff enthalten (in der Apotheke).

Die Sonne spielt in unserer und in anderen Kulturen eine zentrale Rolle. In Europa feiert man die Sommersonnenwende, andere Völker haben ähnliche Sonnenkultfeiern. Fehlt uns das Sonnenlicht, treten Mangelerscheinungen und Depressionen auf.

Sonne mit Wonne – Rösten macht alt

Die vornehme Blässe vergangener Zeitalter ist leider aus der Mode gekommen. Braun sein ist in: Ein gebräunter Teint steht heute für Vitalität und Lebenslust, für Freizeit und Luxus.

»Brownies« scheinen häufiger Urlaub zu machen als ihre blassen Zeitgenossen – was im Zeitalter des Solariums natürlich eine Binse ist, doch das positive Image UV-verwöhnter Haut hält sich trotzdem hartnäckig. Dabei beschleunigt zu viel Sonnenbestrahlung die lichtbedingte Frühalterung der Haut (Dermatoheliose, auch »Photo-Aging« genannt).

Mäßigung heißt die Devise

Im Grunde ist jedoch gegen eine mäßige Sonnenbestrahlung nichts einzuwenden, wenn Sie es nicht übertreiben: Dermatologen empfehlen eine maximale Anzahl von 50 Sonnenbädern pro Jahr. Diese sollten zudem nicht gleichmäßig über das ganze Jahr verteilt sein. Besser ist es, der Haut in den Wintermonaten eine Pause zu gönnen und sie im Frühjahr wieder allmählich an die Strahlenbelastung zu gewöhnen. Wichtig für das Bräunen in der Natursonne: Überfordern Sie die Haut nicht. Nutzen Sie deshalb die durch den Lichtschutzfaktor (LSF) verlängerte

Zeit bis zum Sonnenbrand niemals voll aus. Denken Sie immer daran, dass die Haut auch einen »Alterungsschutzfaktor« (ASF) braucht. Dieser liegt bei etwa zwei Drittel des LSF.
Ihre Körperoberfläche braucht nach jedem Sonnenbad eine Erholungszeit von 12 bis 24 Stunden. In dieser Phase werden Schäden in den Zellkernen repariert, um die Haut gesund zu erhalten und einer vorzeitigen Hautalterung vorzubeugen.

Bräune von der Sonnenbank

Was für das natürliche Sonnenlicht gilt, trifft auch auf künstlich erzeugte UV-Strahlung zu: Richtig angewendet und gezielt eingesetzt kann sie von großem Nutzen sein, insbesondere bei der Behandlung von Hautkrankheiten wie Neurodermitis oder Psoriasis. Diese positive Wirkung beruht u.a. darauf, dass die Haut besser durchblutet wird, dass schädliche Bakterien auf ihr abgetötet und überschießende Immunreaktionen in ihr gehemmt werden.
Für die kosmetische Bräunung im Studio werden heute fast nur noch Geräte eingesetzt, die ausschließlich UVA-Strahlung absondern. Deshalb ist es eher unwahrscheinlich, dass Sie im Solarium einen Sonnenbrand bekommen. Dafür sind nämlich hauptsächlich die UVB-Strahlen verantwortlich. UVA-Strahlen dringen jedoch tiefer ein und erreichen auch die Schichten der Lederhaut und des Bindegewebes. Dadurch werden die elastischen und kollagenen Fasern verändert. Über die Jahre verliert Ihre Haut so an Elastizität und auch an ihrer Fähigkeit, Wasser zu speichern. Sie wird schlaff und trocknet aus, zeigt viele Falten und tiefe Runzeln.

Was für die natürlichen Sonnenstrahlen gilt, sollte auch beim Aalen auf der Sonnenbank beachtet werden: Genuss in Maßen!

Das sollten Sie beachten

Halten Sie also das Limit der Sonnenbäder ein, schützen Sie sich draußen mit entsprechenden Schutzcremes, die sowohl UVA- als auch UVB-Filter besitzen, und benutzen Sie nach jeder Bestrahlung ein pflegendes Feuchtigkeitsprodukt (Apotheke).
Zum Thema »Selbstbräuner«: Diese Präparate färben lediglich die oberste Hautschicht ein und bilden bei ungleichmäßigem Auftragen Flecken. Sie haben in den seltensten Fällen einen Schutzeffekt, denn sie erzeugen keine Verdickung der Oberhaut. Diese so genannte Lichtschwiele bildet sich erst bei »echter« Sonnenbräune.

Schönes Haar

Genauso wichtig wie die optimale Reinigung und Pflege der Haut ist die richtige Behandlung Ihrer Haare. Grundsätzlich gilt: Sportler mit sehr feinem oder trockenem Haar sollten nur ein bis zwei lauwarme Reinigungen pro Woche durchführen, und zwar mit einem sehr milden Produkt. Wer zu fettigem Haar neigt, darf öfter waschen.

Das Haar spiegelt die Ernährung wider: Zu wenig Proteine, Mineralien und Vitamine unterdrücken den Haarwuchs. Zu viel Cholesterin sorgt für eine schlechtere Durchblutung der Kopfhaut. Völlig glanzlos wird das Haar bei häufigem Alkoholgenuss.

So bleibt es geschmeidig

- Pflegende Spülungen, Kuren und Packungen sorgen für einen Schutzfilm und lassen Ihr Haar geschmeidiger und kämmbarer werden. Achten Sie jedoch darauf, dass Sie sowohl Shampoo als auch Pflege gründlichst ausspülen, denn Rückstände schaden dem Haar und lassen es schnell stumpf aussehen.
- Heiße Luft schadet ihm übrigens genauso wie zu heißes Wasser. Verzichten Sie deshalb auf häufiges Fönen. Lassen Sie es lieber öfter mal an der Luft trocknen.
- Nasses Haar nicht zu stark frottieren, denn es ist in diesem Zustand anfällig für Beschädigungen. Wickeln Sie sich lieber nach dem Waschen für ein paar Minuten ein Handtuch um den Kopf, und tupfen Sie das Haar anschließend mit einem trockenen zweiten Tuch ab.

Pantothensäure (Vitamin B5) ist besonders wichtig für gesundes und schönes Haar. Ideale Lieferanten für den unverzichtbaren Biostoff sind Datteln.

Schnelle Tipps für eine gute Figur

Den einen stört der Bauchspeck, die andere möchte schlankere Beine oder einen schöneren Busen. Der nachfolgende Figurfahrplan mit zahlreichen Extratipps für jede Körperpartie zeigt Ihnen, was Sie außer Sport noch für sich tun können.

Anfang des 20. Jahrhunderts fand der Arzt F. X. Mayr viele Dinge über die Verdauung heraus. Ein wichtiges Ergebnis seiner Untersuchungen ist, dass ein enger Zusammenhang zwischen Verdauung und Körperhaltung besteht.

Ein Vorzeigebauch statt schlaffer Wampe

Auch für Sie eine der hartnäckigsten Problemzonen? Hier erfahren Sie, wie Sie kleinen Pölsterchen zu Leibe rücken und Ihrer Körpermitte dauerhaft Kontur verleihen.

»Auf dickem Bauch steht ein fröhlich Gesicht«, behauptet der Volksmund. Mag sein. Schönheitsideal vieler Männer ist jedoch nicht die wohlgenährte Wampe, sondern das wohlgeformte Waschbrett. Und Umfragen zufolge wünscht sich nahezu jede zweite Frau eine flache, straffe Körpermitte. Der Bauchumfang ist jedoch nicht nur eine Frage der Ästhetik, er dient Medizinern auch als Risikobarometer. So steigt bei Männern ab einem Umfang von 94 Zentimeter bereits signifikant die Gefahr von Folgeerkrankungen des Übergewichts, bei Frauen schon ab einer Taille von 80 Zentimeter. Wie viel Bauch Sie haben, hängt einerseits von Ihrer Veranlagung ab, zum anderen von Ihrer Disziplin. Fettes Essen, Alkohol und Bewegungsmangel können nämlich jeden genetisch noch so begünstigten Leib mit den Jahren in einen Wabbelwanst verwandeln.

Andererseits macht Sie der ständige Kummer um die fehlende Stromlinienform bestimmt nicht attraktiver. Lassen Sie negative Gedanken los: Das ständige Grübeln über Problemzonen kann Sie daran hindern, Ihr Leben wirklich zu leben. Wer sich nicht ständig mit dem Zählen von Fettmengen oder verpassten Crunchübungen quält, ist besser dran – und wirkt anziehender.

Drei gefährliche Hau-Ruck-Methoden

- **Anti-Fett-Spritze:** Injiziert man Mäusen menschliche Fettzellen, entwickeln sie Antikörper. Diese werden in den Menschenbauch gespritzt und sollen dort gezielt Fett abbauen. Vorsicht – es gibt noch keine gesicherten Studien zu dieser Methode!
- **Fettabsaugen:** Liposuction ist nur für stark Übergewichtige mit Adipositas (Fettleibigkeit) zu empfehlen. Bei manchen Menschen ist die Haut nicht in der Lage, sich der neuen Körperform anzupassen – hässliche Dellen können entstehen. Gelegentlich treten auch Durchblutungs- und Sensibilitätsstörungen auf.
- **Magenverkleinerung:** Beim »gastric banding« wird der Mageneingang mit Hilfe eines Silikonbands eingeengt. Ebenfalls nur für extrem dicke Menschen zu empfehlen.

Kraft aus der Körpermitte

»Meditation« kommt aus dem Lateinischen und bedeutet »in die eigene Mitte kommen«, also zu seinem Gleichgewicht zu finden. Haben Sie schon einmal daran gedacht, Kraft durch Meditieren zu gewinnen?

Vergessen Sie mal kurz Waschbrett und Bauchübungen: Finden Sie erst mal Ihre Mitte – die Form wird folgen. Haben Sie mehr Mut zur Intuition: Der Bauch ist Ihr emotionales Energiezentrum und Gefühlsbarometer. Versuchen Sie, mehr aus ihm heraus zu handeln und Entscheidungen nicht nur mit dem Kopf zu fällen. Ein ungutes Gefühl kann zuweilen ein besserer Ratgeber sein als die Vernunft.

Wichtig ist auch die innere Aussöhnung mit dem Körper: Mit sich im Reinen zu sein ist Voraussetzung für Zufriedenheit und Wohlbefinden. Ziehen Sie sich aus, und setzen Sie sich gerade auf den Boden – Schultern zurück, Kopf gerade, Hände locker im Schoß. Der Bauch ist nicht eingezogen.

Schließen Sie die Augen, und atmen Sie entspannt, aber tief ein und aus. Versuchen Sie zu fühlen, wie Ihr »Zentrum« Wärme, Kraft und Schönheit in Ihren ganzen Körper strahlt. Stellen Sie sich diese Quelle als roten Energiefluss vor, der Sie schützt und stärkt.

Atmen Sie öfter mal tief durch für schnelle Entspannung. Suchen Sie sich einen Ort, wo Sie für ein, zwei Minuten ungestört sind.

- Stellen Sie sich aufrecht hin, Arme locker an den Seiten.
- Atmen Sie tief ein, und zählen Sie dabei bis sieben.

- Halten Sie anschließend sieben Takte lang den Atem an, und atmen Sie dann genauso lange aus.
- Wiederholen Sie diese Atemübung einige Male.

Beckenkreisen macht locker

Im Orient lassen sowohl Frauen als auch Männer das Becken kreisen. Wer sich auf diese ganz spezielle Tanzform einlässt, kann alle Stimmungen der Seele ausdrücken: Freude und Trauer, Sehnsucht und Schmerz, Erotik und Ekstase.

Bauchtanz trainiert die Muskeln des Beckenbodens und sorgt für eine gute Durchblutung der Unterleibsorgane. Diese traditionelle Bewegungsform ist ideal für alle, die sich durch ihre Figur gehemmt fühlen. Denn: Einen harmonischen Ausdruck zu finden, hat nichts mit Idealmaßen und Lebensalter zu tun.

Beim Bauchtanz liegen Gefühl und Bewegung ganz dicht zusammen, deshalb wirkt er nicht nur auf den Körper, sondern auch auf die Seele. Das Sanfte und Spielerische vermittelt ein völlig neues Körpergefühl.

Ein Blähbauch muss nicht sein

Eins steht fest: Wer unter Blähungen leidet, fühlt sich nicht besonders wohl. Und mit Sex Appeal und Romantik haben die heimlichen »Winde« schon gar nichts zu tun. Dennoch sind ca. 300 Milliliter Gasbildung im Darm pro Tag normal. Damit's nicht mehr wird:

- Zeit lassen beim Essen – hektisches Hinunterschlingen führt dazu, dass wir vermehrt Luft schlucken. Und die will natürlich irgendwann wieder hinaus.
- Bohnen & Co. – manche Lebensmittel führen eher zu verstärkter Gasbildung. Dazu gehören alle Hülsenfrüchte (Erbsen, Bohnen, Linsen), aber auch sämtliche Kohlsorten, Zwiebelgewächse und bei manchen Menschen auch Milchprodukte.
- Mangel an Enzymen – wenn's an den Milchprodukten liegt, kann Ihr Körper eventuell manche Enzyme nicht herstellen. Falls Sie trotzdem nicht ganz darauf verzichten wollen, sollten Sie stets nur kleine Mengen davon zu sich nehmen. Oder Sie versuchen es mit Milchprodukten, bei denen der Milchzucker durch Mikroorganismen aufgespalten wurde, wie beispielsweise bei Sauermilch und Joghurt.
- Gewürze verwenden – weil Hülsenfrüchte, Kohl und Co. so gesund sind, sollten Sie trotz ihrer gasbildenden Wirkung nicht auf diese Fitmacher verzichten, sondern sie mit Anis, Kümmel oder Fenchel zubereiten – das wirkt entblähend.

Ganz oben auf der Wunschliste des weiblichen Geschlechts steht eine ästhetische, schmale Körpermitte. (Quelle: Forsa 1/1998, im Auftrag von »Bild der Frau«)

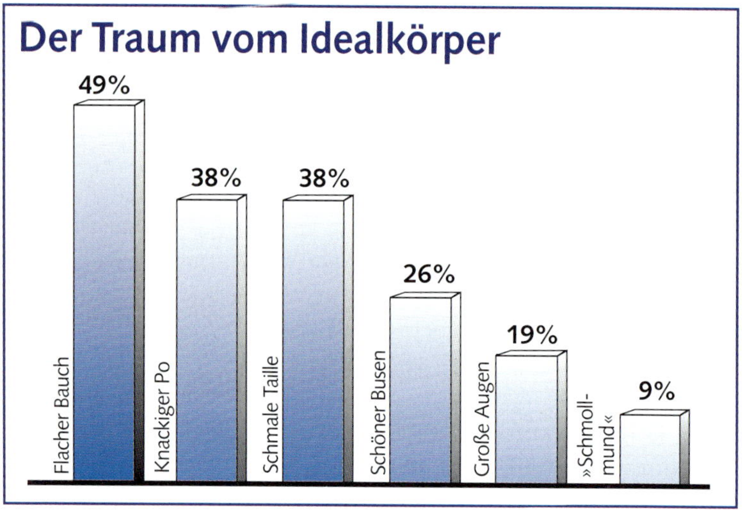

Bewegung und Medikamente

Nach dem Essen sollst Du ruh'n, oder ... tausend Schritte tun. Dies ist die bessere Alternative: Durch die Bewegung verteilen sich die Gase im Darm, so dass es nicht zu unangenehmen und womöglich schmerzhaften Ansammlungen kommt.

Auch Medikamente können am Blähbauch schuld sein, insbesondere Antibiotika. Im Darm leben mehr Bakterien, als der Körper Zellen hat (etwa 100 Billionen), mit einem Gesamtgewicht von etwa einem Kilogramm. Das Gleichgewicht dieser Bakterien ist wichtig, wird aber durch Antibiotika manchmal gestört. Gegensteuern können Sie mit einem Präparat, das die Darmflora wiederherstellt. Auch spezielle Antiblähmittel gibt es in der Apotheke: Kümmel-Anis-Teemischungen oder Fertigpräparate, welche die Gasblasen auflösen.

Zu den Präparaten, die bei Einnahme von Antibiotika die Darmflora wiederherstellen, gehört z. B. Symbiflor; gegen Blähungen hat sich das Präparat Lefax gut bewährt.

Tarnen ist Trumpf

Kein Waschbrett in Sicht? So können Sie durch Ihr Outfit kurzerhand kräftig kaschieren:

- Blick vom Schwachpunkt weglenken: Wählen Sie locker sitzende Sweater und Pullis mit Muster im Brustbereich.
- Legere Kleidung tragen: Ein gespanntes Hemd, das die Knöpfe zu sprengen droht, macht niemanden schlank.

- Nie die Oberteile in die Hose quetschen: Sie wirken dadurch noch gedrungener. Darüber Getragenes verbirgt, was darunter steckt.
- Keine Bundfalten: Die sperren leicht, und das sieht immer unvorteilhaft aus.
- Enge Mieder ade: Leicht figurmodellierende Dessous, die den Bauch flacher machen, sind heutzutage sexy und tragbar. Gut für große, gelungene Auftritte!

Am liebsten lang und schlank – attraktive Beine

Dem einen sind sie zu dick, dem anderen zu dünn. Und was sind schöne Beine ohne entsprechende Kleider? Mit ein paar kleinen Kunstkniffen kommen sie besser zur Geltung.
Schmale Fesseln, wohlgeformte Waden, durchtrainierte Oberschenkel – nicht nur in der schönen Jahreszeit wollen Beine auf- und gefallen. Leider sind die wenigsten Menschen mit Hinguckern à la Markus Schenckenberg oder Nadja Auermann gesegnet.
Rund 36 Prozent aller Frauen wünschen sich lange, schlankere Beine. Den Vertretern des anderen Geschlechts ist die Ausprägung eines starken Rumpfes zwar wichtiger – aber mal ganz ehrlich: Dieser kommt auf kräftigen Gliedern doch viel besser zur Geltung als auf mickrigen Storchenstelzen.

Schon sehr lange tut man den Füßen Gutes. Die Fußwaschung beispielsweise kommt ursprünglich aus dem vorderasiatischen Raum und ist ein Zeichen der Gastfreundschaft.

Schreiten statt stelzen

Schönheit ist ein anderes Wort für Balance, philosophierten schon die alten Chinesen: »Der Flamingo denkt nicht lange darüber nach, er geht einfach so über das Wasser.«
Also: Der richtige Gang macht schön – geradeaus schauen, Hals lang, Rücken gerade, Schultern nach hinten. Gewicht auf Fersen, Ballen und Fußkanten verlagern. Übrigens: Marilyn Monroe verdankte ihren hocherotischen »Kugellagergang« der Tatsache, dass sie einen ihrer extrem hohen Absätze stets einige Millimeter kürzer trug als den anderen – orthopädisch eine Katastrophe. Es geht aber auch anders – und vor allem gesünder: einen Fuß vor den anderen setzen, dabei aber immer leicht über das andere Bein kreuzen.

Wege zur Top-Figur

Sport ist für 82 Prozent aller Deutschen das Mittel Nummer eins, um fit, gesund und in Form zu bleiben. Auch die ernährungsbewusste Fitnessküche spielt eine immer größere Rolle. (Quelle: FIT FOR FUN 5/99)

	Sport	Maßvolle Ernährung	Diäten	Körperpflege
Insgesamt	82 %	51 %	10 %	33 %
Frauen	81 %	55 %	14 %	43 %
Männer	83 %	46 %	5 %	22 %

Schicker mit der richtigen Schale

Kleider machen Leute. Auch die Farbe der Kleidung spielt eine wichtige Rolle. Darum: Bekennen Sie Farbe! Rot lässt Sie dynamisch und aktiv erscheinen, in Grün wirken Sie natürlich und lebendig, Grau ist am besten in Situationen geeignet, in denen Sie konservativ und dezent auftreten sollten.

Mal unter uns: Es gibt Figurprobleme, die Sie weder mit gezieltem Training noch mit gesunder Ernährung in den Griff bekommen – etwa zu kurze Beine. Mit der richtigen Kleidung alles kein Problem.

- Das »Grundgesetz«: Ob ein bisschen moppelig oder eine Idee zu knochig – besonders bei den Beinen gilt, dass die Kleidung passen muss. Weder extremes Geschlabber noch hautenge Leggings helfen oder verbergen irgendetwas. Am besten sieht immer leger sitzende, aber eben passende Kleidung aus.
- Längere Beine durch kürzere Röcke: Halbkurze, taillierte Röcke eignen sich für Frauen ohne Auermann-Fahrgestell durchaus. Sie zeigen Bein, ohne genau zu verraten, wo es aufhört. Ideal: das klassische Chanel-Kostüm!
- Absatzattacke: Klar – High Heels und Plateausohlen machen viel her. Weniger offensichtlich, allerdings wesentlich bequemer und gesünder sind einfarbige Sneakers mit halbhoher, weicher Sohle, idealerweise in der Farbe der Hose. Sie vergrößern tatsächlich, ohne dabei vulgär auszusehen – und helfen auch Männern auf die Sprünge.
- Wickeltechnik: Alle mittelgroßen Frauen mit Beinfrust mögen Wickelröcke – deren schmale, lässige Linie ist für sie ideal.

So sollten Hosen sitzen

- Hosenträger-Einmaleins: Männer, lasst die Hüfthosen sein, wenn die Beine lang aussehen sollen. Ein hoher Bund zum halbweiten Bein streckt enorm. Gürtel darf gern wegfallen – dadurch wird die Beinfläche optisch unauffällig verlängert. Erinnern Sie sich lieber gelegentlich der guten alten Hosenträger.
- Storchenbeine: Zu lange, dünne Beine? Grundsätzlich am besten gemusterte, lässige Hosen tragen. Im Trend und hilfreich: die neuen Cargopants mit Knie-, Seiten- und Workertaschen.
- Dreiviertelwelle: Total en vogue – Caprihosen. Sind sie schwarz und körpernah, also weder knackeng noch schlabberig, sind Sie auf dem richtigen Dampfer. Als Beinstrecker kommen für Frauen Schuhe ohne Riemchen, dafür mit Absatz hinzu. Und für die Langbeinigen: flache Ballerinas mit Fesselriemen, und alles ist gut.

Der menschliche Fuß besteht aus sage und schreibe 26 Knochen. Neben den sieben Fußwurzelknochen und den fünf Mittelfußknochen gibt es noch 14 Zehenknochen.

Auch die Füße brauchen Liebe

Sie tragen uns Tag für Tag durchs Leben. Und können ganz schön sexy sein, wenn wir ihnen gelegentlich etwas Gutes tun. Je nach Zustand haben sie großen Einfluss darauf, wie beschwingt oder wie schleppend wir uns durchs Leben bewegen. Und wie entscheidend der Gang für die Attraktivität unserer Beine ist, wurde ja bereits erwähnt.

Warme Fußbäder (10 bis 15 Minuten) mit einem milden Öl-Hautpflegebad sind nicht nur entspannend für die strapazierten Treter, sondern auch die ideale Vorbereitung für die anschließende Fußpflege. Denn nun ist die Haut schön weich, so dass sich überschüssige Hornhaut an Ballen, Fersen und Zehen leicht mit einem Bimsstein abreiben lässt. Nach Bad und Peeling sollte man die Füße mit einer leicht fettenden Lotion behandeln.

Fußmassage sollte sogar zu Ihrem täglichen Programm gehören, z. B. nach dem morgendlichen Duschen. Erst die Füße gründlich abtrocknen, auch zwischen den Zehen. Dann mit einer Bürste trocken von den Zehen sanft in Richtung Ferse massieren. Zum Abschluss mit den Händen eine Lotion hineinarbeiten: gleiche Streichrichtung, mit so starkem Druck, wie Sie es vertragen.

Ideal für die schnelle Fitnessmassage zwischendurch: Im Sanitätshandel sind für wenig Geld kleine Bälle, Noppenkugeln und Rollen für die Fußmassage zu Hause oder unter dem Schreibtisch erhältlich.

Je älter wir werden, desto trockener wird unsere Haut. Schweiß- und Talgdrüsen arbeiten weniger intensiv, und die Hauterneuerung verlangsamt sich. Dagegen helfen Lotionen, die der Haut wieder Flüssigkeit zuführen.

Die Fußnägel richtig pflegen

Schneiden Sie die Fußnägel mehr oder weniger gerade und keinesfalls zu kurz, sonst wachsen sie allzu leicht ein. Erledigen Sie den Rest lieber mit einer Feile. Dabei gilt wie auch bei den Fingernägeln: immer in eine Richtung abziehen!

Bein-Beauty zum Wohlfühlen

- **Epiliergeräte**
Vorteile: gründlich; nur sanfter Flaum wächst nach
Nachteile: hoher Anschaffungspreis, teilweise schmerzhaftes Zwicken
- **Rasieren**
Vorteile: schnell, günstig, unkompliziert
Nachteile: nachwachsende scharfe Stoppeln, Kratzerspuren durch Verletzungen
- **Chemo-Enthaarung** (Creme oder Wachs)
Vorteile: günstig, sanft, fix
Nachteile: unangenehmer Geruch, ungeeignet für Empfindliche und Allergiker
- **Teint aus der Tube** Selbstbräuner tönen besser als die Sonne, Make-up mit Goldpartikeln verleiht einen sanften Schimmer
Vorteile: schnell, unschädlich und immer einsatzbereit
Nachteile: bei nachlässigem Auftragen oder trockener Haut wirkt der Teint fleckig
- **Peeling**
Vorteile: morgens unter der Dusche mit wenig Zeitaufwand einsetzbar
Nachteile: kann zu Hautreizungen führen
- **Kneippkuren**
Mit 20 °C kaltem Wasser ca. drei Minuten abduschen
Vorteile: belebt müde Beine im Nu
Nachteile: eigentlich keine; Menschen mit schwachen Venen empfinden diese Maßnahme anfänglich allerdings als schmerzhaft, wenn sich die Blutgefäße zusammenziehen

Rund und knackig – Tipps für einen sexy Po

Er zieht einfach die Blicke auf sich. Schenken Sie darum Ihren vier Buchstaben hin und wieder auch mehr Augenmerk. Denn eigentlich sollte er seinem Spitznamen alle Ehre machen: unser Allerwertester. Stattdessen wird er stundenlang plattgesessen, eingekniffen oder in völlig indiskutable Hosen gezwängt. Und wenn's in der Bademodensaison im Frühling oder Sommer wieder darauf ankommt, macht so manch eine/r wortwörtlich dicke Backen.
Schluss damit. Geben Sie Ihrem Hinterteil eine reelle Chance. Mit einer guten Prise Sport, etwas mehr Pflege und der richtigen Kleidung setzen Sie Ihren Po optimal in Szene. Seien Sie ehrlich: Ein knackiger Hintern ist Ihnen doch auch allemal lieber als eine schwammige Kehrseite, oder?

Was Sie neben dem Training ganz leicht für einen knackigen Po tun können: Statt mit der Straßenbahn lieber mit dem Fahrrad zur Arbeit fahren, die Treppen dem Fahrstuhl vorziehen und abends erst nach einem flotten Spaziergang auf dem Sofa landen.

Apfel- und Birnentypen

Die einen haben den Bauch-, die anderen den Hüftspeck. Nicht nur die Optik leidet in manchen Fällen: Die Mediziner streiten schon seit langem, wie viel Speck zu viel denn nun das Risiko erhöht, bestimmte Krankheiten zu bekommen. Die einen mahnen schon bei wenig Mehrpfunden, die anderen sprechen ihre Warnungen erst bei stärkerem Übergewicht aus. Fest steht, dass die Anzahl der Fettzellen und ihr Volumen die Körperform stark beeinflusst. Klar ist, dass Männer öfter am Bauch Fett ansetzen, Frauen dagegen häufiger über Zellulite an Beinen und Po klagen. Bereits in den 1940er Jahren erkannte ein französischer Forscher diese typischen Fettverteilungsmuster.
Die Medizin bezeichnet Bauchmenschen als Äpfel und solche mit »starken« Hüften als Birnen. Im Allgemeinen sind Apfeltypen anfälliger für Erkrankungen des Herz-Kreislauf-Systems. Der Grund: Fettgewebe, das sich in der Herzgegend ablagert, ist bedrohlicher als Depots von der Hüfte abwärts. Welcher Typ Sie sind, können Sie nicht nur mit einem Blick in den Spiegel, sondern auch mittels einer kleinen Rechenaufgabe feststellen: Bei der »Waist-to-Hip-Ratio« (WHR) wird der Taillen- durch den Hüftumfang geteilt. Bei Birnen liegt der Wert unter 0,9, ein Wert über 1,0 spricht eher für die Apfelform

So sollte Mann sein

Aus Sicht der Frauen darf Mann ruhig sportlich sein. Auf zu viele Muskeln können die meisten Frauen – im Gegensatz zu den Männern – jedoch verzichten. (Quelle: FIT FOR FUN 5/99)

	Frauenmeinung	Männermeinung
Normal	7,3 %	4,7 %
Extrem muskulös	24,0 %	35,0 %
Sportlich	37,3 %	34,3 %
Extreme Y-Form	9,8 %	9,2 %
Dünn	13,7 %	8,3 %
Dünn mit Bauch	2,8 %	3,0 %
Normal mit Bauch	2,9 %	3,9 %

Apropos Äpfel: Gerade wenn Sie zum Apfeltyp gehören, sollten diese auf keinen Fall in Ihrer Ernährung fehlen. Der hohe Gehalt an Pektin bewirkt eine Senkung der Cholesterinwerte des Blutes und erleichtert den Fettabbau.

Apfeltypen leben riskanter

Menschen mit bauchbetonter Fettverteilung (Apfeltyp) leiden viel häufiger an Diabetes mellitus, Bluthochdruck, Fettstoffwechselstörungen oder Arteriosklerose als Menschen mit hüftbetonter Fettverteilung (Birnentyp). Aus medizinischer Sicht wird diese Tatsache folgendermaßen begründet: Bauchfettzellen sind viel stärker durchblutet und von Nervenzellen durchzogen als Fettzellen aus anderen Regionen. Dadurch kann das Fett in den Bauchfettzellen viel rascher freigesetzt werden, weswegen der Apfeltyp häufiger an den oben genannten gesundheitlichen Komplikationen leidet als der Birnentyp.

Keine Chance – gezieltes Abspecken

Eine Lüge, die leider sehr lange Beine hat: »Fett kann man gezielt an bestimmten Körperpartien wegtrainieren.« Schön wär's! Auch wenn Ihnen im Spiegel nach wochenlanger Diät bereits ein hohlwangiges Blassgesicht begegnet, verhält sich der Rest des Körpers oft weiterhin renitent. Schließlich hat Ihr Körper das Fettdepot über Jahre hinweg angelegt. Warum sollte er ausgerechnet diese liebevoll gehegten Reserven aufgeben? 98 Prozent aller Diätopfer haben innerhalb von zwei

Jahren wieder das alte Gewicht auf den Hüften. Oder sogar mehr. Da müssen Sie schon schwere Geschütze auffahren. Das beste Mittel, um lästige Pfunde abzubauen, ist und bleibt Bewegung, und zwar regelmäßige und ausdauernde!

Steigen Sie beispielsweise drei- bis viermal pro Woche auf den Stepper. Halten Sie Ihr Tempo moderat, und nehmen Sie nur eine Stufe pro Sekunde – so verbrennen Sie am schnellsten Fett.

Oft fehlt einem bloß das nötige Selbstbewusstsein, sonst könnte man mit seiner Ausstattung ganz zufrieden sein. Keiner muss Wunderdinge vorweisen, um beim anderen Geschlecht ankommen zu können.

Sanft gerundet statt knochig

Manche verdanken ihrem Hinterteil sogar ihre Karriere. Nachdem Top-Model Michelle Hunziker mit dem Titel »Miss Po« geehrt wurde, regnete es lukrative Werbeverträge. Fest steht: Das Depotfett an Hüfte und Gesäß funktioniert als Fruchtbarkeits- und Sexsignal. Und in diesem Fall ist mehr sogar mehr.

Lassen Sie sich bloß nicht von »Magersteißen« à la Kate Moss irritieren – im Gegenteil: Lassen Sie's ruhig mal wackeln. Denn ein schöner Po ist ein lockerer Po. Er will bewegt, nicht weggekniffen werden. Beginnen Sie damit schon morgens im Badezimmer: Streicheln Sie ihn beim Eincremen, zwicken Sie ihn. Und spannen Sie ihn über den Tag öfter mal kurz an.

Für einen schönen Po

- Er kann nicht knackig genug sein. Was Sie mit Kniebeugen oder anderen Übungen nicht schaffen, können Sie eventuell mit dem Wonderbra-Slip bewältigen (beispielsweise Push-up-Panty von Triumph): Er bringt den Allerwertesten in Topform – sekundenschnell.
- Ist der Po zu breit, helfen u. a. auch Gesäßtaschen – durch optische Auflockerung. Auch Hosen mit geradem Bein oder kleinem Schlag sind tragbar. Total out sind superenge Schnitte und Karottenhosen.
- Fünf Kilogramm kaschieren in zehn Sekunden: Zur dunklen, leger geschnittenen Hose ein weißes, etwas engeres Oberteil wählen. Das rückt den Po in den Hintergrund, und zwar ohne den alles verhüllenden Zeltlook.

Starke Tipps für Schmächtige

Die Brust selbst hat keine Muskeln, sie besteht bei Frauen aus Milchdrüsen, Binde- und Fettgewebe. Um einen schönen Busen zu bekommen, können Sie aber den unter dem Gewebe liegenden Brustmuskel trainieren.

Schmales Hemd? Schultern zu schmächtig? Ein heller Hoffnungsschimmer für Hänflinge: die Kombination von Haltung und angemessener Kleiderwahl.

Menschen, die von Natur aus eher zart, filigran und feingliedrig gebaut sind, gelten andererseits als zäh und ausdauernd. Trotzdem wirken insbesondere sehr schmale Männer auf Frauen nicht gerade ansprechend. Und sie haben noch ein weiteres Problem: Trotz Krafttraining nehmen sie häufig kaum ein Gramm zu. Grund: Der Stoffwechsel rast, viele Aufbaustoffe werden unverwertet wieder ausgeschieden. Manchmal hilft ein Gang zum Ernährungsberater. Ein paar Dinge können Sie aber auch selbst tun.

Gegen den Brustfrust

Männern ist ihr Brustkorb häufig zu schmal, Frauen hingegen erklären ihren zu kleinen Busen zum Krisengebiet. Doch Veränderungswünschen sind Grenzen gesetzt. Eine schwer verdauliche Erkenntnis. Durch gezieltes Training lassen sich jedoch Muskelpolster aufpacken, die bei ihm für eine stärkere Optik sorgen und bei ihr eine kleine Oberweite mehr hervorheben. Übrigens: 56 Prozent aller Frauen finden die eigene Brust verbesserungsbedürftig, jede zehnte hat schon mal über eine

Die meisten Frauen wünschen sich breitere Schultern, um den Umfang von Hüften und Po optisch zu verkleinern. Einfache Tricks in Sachen Kleidung helfen beim Kaschieren.

schönheitschirurgische Brustoperation nachgedacht. Die Männer unter 30 sehen's ein wenig anders: 27 Prozent finden einen großen Busen gut, 28 einen kleinen und 32 einen mittleren. Also: 's passt schon …

Die Körperhaltung ist neben dem Ausdruck des inneren Ich auch ein Hinweis darauf, ob muskuläre Dysbalancen vorliegen. 50 Prozent der Freizeitsportler leiden unter Rückenschmerzen als Folge von verkürzten Rückenmuskeln.

Haltung – eine Frage des Rückgrats

Wer gerade und aufrecht steht, wirkt automatisch kraftvoller. Auch das Selbstbewusstsein spiegelt sich in der Körperhaltung. Sport spielt bei der Unterstützung des Stehens und Gehens eine wichtige Rolle, nützt aber wenig, wenn Sie danach wieder ausdrucksarm in sich zusammenfallen. Merke: Größe und innere »Aufrichtigkeit« gehören zusammen.

- Mutübung: Locker stehen, die Augen schließen. Denken Sie an eine persönliche Schwächesituation. Spüren Sie, wie Sie die Schultern hochziehen oder hängen lassen? Wiederholen Sie diese Übung mehrmals am Tag, und Sie werden in Konfliktsituationen besser Haltung bewahren können.
- Atmen Sie tief und langsam. Sagen Sie sich: »Ich bin stark. Ich löse diese Situation. Ich sammle meine Kraft. Ich habe Vertrauen in mich.« Fühlen Sie sich dabei wachsen, aufrechter stehen. Genießen Sie die Energie, die Sie durch diese Haltung spüren. Machen Sie auch diese Suggestionsübung täglich.

Breites Kreuz dank kleiner Kniffe

Dicke Schulterpolster – obwohl laut Modezar Gucci gerade wieder im Kommen – müssen nicht sein. Die folgenden Details unterstützen dezenter:

- Ärmel mit überschnittener Schulter, die erst in Höhe des Bizeps ansetzen, verbreitern den Rücken optisch.
- Raglan-Ärmel mogeln ebenfalls ein paar Zentimeter hinzu.
- Leicht taillierte Schnitte rücken das Kreuz in die rechte Proportion. Doch Vorsicht: Bitte nichts Hautenges aussuchen, das macht Zarte noch zarter.
- Schulterklappen sind nicht nur modern, sie zaubern auch etwas mehr Volumen

Literatur

- *Batmanghelidj, F.:* Wasser – die gesunde Lösung. VAK Verlag. Freiburg 1998
- *Boeckh-Behrens/Buskies:* Gesundheitsorientiertes Fitnesstraining. Dr. Loges. Winsen 1998
- *Breitenstein, B./Hamm, M.:* Bodybuilding. Rowohlt Verlag. Reinbek bei Hamburg 1996
- *Breitenstein, Berend:* Power-Bodybuilding. Rowohlt Verlag. Reinbek bei Hamburg 1999
- *Dargatz, T./Koch, A.:* Starke Muskeln – gesunder Körper. Rowohlt Verlag. Reinbek bei Hamburg 2000
- *Deutscher Sportbund:* Richtig fit. Mairs Geographischer Verlag. Ostfildern 2000
- *Engels, Dr. med. Tanja:* Optimal trainieren. Südwest Verlag. 2. Auflage, München 2000
- *Frangenberg, Ute:* Fatburner. Südwest Verlag. 3. Auflage, München 2000
- *Gartner, Monika:* Fatburner. Falken Verlag. Niedernhausen 1999
- *Goldin/Moissiouk/Zakidschewa:* Selbstmassage. Walter Verlag. Düsseldorf 1996
- *Grosser/Ehlenz/Griebl/Zimmermann:* Richtig Muskeltraining. BLV Verlagsgesellschaft mbH. München 1994
- *Hamm, Prof. Dr. Michael:* Ernährung für Spitzensportler. Südwest Verlag. München 1999
- *Helberg, Dörte:* Die FIT FOR FUN Diät. Südwest Verlag. 7. Auflage, München 2000
- *Kieser, Werner:* Ein starker Körper kennt keinen Schmerz. Wilhelm Heyne Verlag. München 2000
- *Kieser, Werner:* Krafttraining. Falken Verlag. Niedernhausen 1995
- *Lamy, Jutta/Zacker, Christina:* Fatburner – Nahrungsmittel zum Abnehmen. Midena. Augsburg 1998
- *Mende, Johannes:* Körpertraining. Rowohlt Verlag. Reinbek bei Hamburg 1988
- *Neumann, Bernd:* Massage. Südwest Verlag. 2. Auflage, München 1999
- *Pflugbeil/Niestroj:* Schutzorgan Haut. BLV Verlagsgesellschaft mbh. München 1994
- *Pramann, Ulrich:* Einfach wohl fühlen. Südwest Verlag. 6. Auflage, München 2000
- *Pütz/Norten/Pohl:* Rund ums Haar. VGS Verlagsgesellschaft. Köln 1999
- *Schulz, Hans:* Bodybuilding. Copress Verlag. München 1997
- *Tilton, Buck/Cox, Roger G.:* Sonnenbaden ohne Reue. Deukalion. Hamburg 1996
- *Trunz/Freiwald/Konrad:* Fit durch Muskeltraining. Rowohlt Verlag. Reinbek bei Hamburg 1992
- *Wade, Jennifer:* Personal Fitness Training. Cormoran Verlag. München 1998

Bildnachweis
Fotografie: Agentur Jump, Hamburg: 2, 27-34, 38-101, 114-131, 152-168 (Kristiane Vey), 102-107 (Martina Sandkühler)
Location Fitnessstudio: MERDIANSPA, Quickbornstraße 26, 20253 Hamburg
Büromöbel (Stuhl und Schreibtisch) im Kapitel »Fit auf Reisen und im Job«: Firma ERGO, Hamburg

Archiv Jump, Hamburg: 10, 18, 26, 134 (Kristiane Vey), 23 (Leonhard Lenz), 148 (Annette Falck); Südwest Verlag, München: 36 (Rainer Hofmann), 143 (Jump/ Kristiane Vey); Tony Stone, München: 12 (James Darell)

Hinweis
Das vorliegende Buch ist sorgfältig erarbeitet worden. Dennoch erfolgen alle Angaben ohne Gewähr. Weder Autorin noch Verlage können für eventuelle Nachteile oder Schäden, die aus den im Buch gemachten praktischen Hinweisen resultieren, eine Haftung übernehmen.

Impressum

Südwest Verlag
Redaktion: Dr. Marion Onodi, Dr. Ulrike Kretschmer
Projektleitung: Dr. Ulrike Kretschmer
Redaktionsleitung und medizinische Fachberatung: Dr. med. Christiane Lentz
Bildredaktion: Sabine Kestler
Produktion: Manfred Metzger (Leitung), Annette Aatz
Layout: Wolfgang Lehner, München; Matthias Liesendahl, München
Satz/DTP: Matthias Liesendahl
Grafiken: Veronika Moga; Matthias Liesendahl

Fit for Fun Verlag
Chefredaktion: Andreas Hallaschka
Objektleitung: Petra Linke
Titelgestaltung: Dennis Middelmann unter Verwendung eines Fotos von Götz Schwan

Printed in Italy
Gedruckt auf chlor- und säurearmem Papier
ISBN 3-517-06253-7

Register

A
Abduktor 50, 63, 126
Abwärmen 14, 123
→ Cool-down
Achten drehen 35
Adduktor 50, 63, 126
Aerobic 24, 86
Alkohol 12, **143f.**, 157
Arbeitsplatz, Workout am **113ff.**
Armbeuger (Bizeps) 13
Armmuskulatur 57, 64
Armstrecker (Trizeps) 13
Atmungsorgane, Erkrankungen der 12
Aufstehen mit einem Bein 27
Aufwärmen 14f., **39ff.**, 90, 121f.
Ausdauersportarten 9, 11f.
Ausdauertest **26**
Ausfallschritte 65, 73, 93
Autogenes Training 24, 132

B
Backfly 55, 99
Bäder 132f., 149
Badminton 23
Bahnreisen 108
Ballaststoffe **137**
Bandscheiben 111f.
Bankdrücken 67, 75
Bauchmuskeltest 27
Bauchtanz 159
Beckenlift 92
Beinbacklift 63
Beinbeuger 49
Beinbizeps 15
Beine, attraktive 161
Beinlift 94
Beinpresse 48
Beinstrecker 48
Beinstretch 116f.
Beugermaschine (Bizeps) 56
Beweglichkeit testen **32f.**
Bewegungseinschränkungen vorbeugen 41
Bizepspull 116
Blähbauch 159f.
Blutdruck 16, 23f.
BMI (Bodymass-Index) **37**
Bodenroller 47
Bodybuilding 20
Bogencrunches 58
Brücke, kleine 94
Brust 15, 168f.
Brustmuskulatur 8, 64
Bruststretch 117
Brusttraining 13
Butterfly 54

C
Climber 39f.
Cool-down 41, **119ff.**
Coolmax 42
Cooper-Test **26**
Crosstrainer 39ff.
Crosszüge (Brust) 60
Crunches 27, 91
Crunchgerät 47

D
Dehnübungen 15, 20, 41, 121, 123 → Stretching
Denken, positives 16
Depressive Verstimmungen 11
Dips auf dem Stuhl 114
Doppelcurls 62
Dreier-System 45
Drücken
– auf der Schrägbank 67
– beidarmig (Trizeps) 78
– im Sitzen 70
– in Rückenlage 70
– mit der Drehstange 61
Drylete 42
Durchblutung, bessere 16

E
Eignungstest 21
Ein-Satz-System 44f.
Einbeinstand 34
– mit Kopfdrehung 35
Einsteigertraining **47ff.**
Ektomorph 19, 21, **22ff.**
Ellenpresse 115
Endomorph 19, 21, **24f.**
Energiezufuhr 36
Enzyme **146f.**, 159
Ernährung 108, 113, **135ff.**
Etappenziele setzen 17
Extremsportarten 20

F
Fahrradergometer 39f., 123
Fatburning → Fettverbrennung
Feinmotorik 20
Fette 25, **137f.**
Fettreduzierung 14, 25
Fettverbrennung 25, 41
Figurfahrplan **157ff.**
Fitness
– als Karrierefaktor 109f.
– und Ernährung 36f.
Fitnesslevel testen 25ff.
Fitnessstudio 8, 15, **85ff.**
Flachbankdrücken 67
Flexibilität fördern 20
Fliegende Bewegungen 75
Flüssigkeitszufuhr 87, 122, 132, 139, **142ff.**
Freeclimbing 22
Frontheben 77
Frontlift 99
Funsportarten 20
Füße, kalte 23
Fußmassage 112, 163
Fußpflege **163f.**

G
Gemüse 22, 136, 141, 145, 151
Geräte 43, 86
Gewichtsreduktion 17
Glutaeustrainer 49
Golf 22, 26
Goretex 42
Grundumsatz berechnen 36f.

H
Haarpflege **156**
Halsstreck 115
Haltungsfehler korrigieren 111f.
Hammercurl 80
Hände, kalte 23
Hanteln 43, 64ff.
Hantelrudern
– breit 66
– mit engem Griff 66
Hautpflege **149ff.**
Heben
– frontal 69
– in Vorbeuge 77
Heimstudio **89ff.**
Herz-Kreislauf-Erkrankungen 9, 12
Herz-Kreislauf-System aktivieren 39
Home-Workouts 91ff.
Horizontalpresse 53
Hormone **144f.**
Hüftbeuger 15, 111
Hüftdehnung 116
Hyperextensions 52
Hypermobilität 23

I
Igelball 112
Immunsystem 109
Impact 24
Intensivcurl 80, 101
Isometrie(übungen) 44, 92, 96

J
Jetlag 108
Joggen 39
Jump and touch 30

K
Kalorienbedarf 14
Kaltstarts vermeiden 39
Kickbacks 79, 100
Kieser, Werner 44f.
Kinnheben 68
Klassikcrunch 91
Klassikcurl 71, 79
Kleidung
– atmungsaktive 42
– figurgerechte 162f.
Klettern 23
Klimmzug 29, 96
Kniebeuge 65, 73, 93, 114
Koffein **146**
Kohlenhydrate 22f., 108, **135,** 139, 141

Kombitraining 41
Konstitutionstypen 19
Koordination
– fördern 20, 22
– testen **34f.**
Körperbewusstsein, positives 11
Körpergewicht, optimales 37
Körperhaltung 8, 11, 23, 169
Kraft testen **27ff.**
Krafttraining, individuelles 8, 11
Kreatin **146**
Krebserkrankungen 12
Kreislauf, schwacher 24
Kretschmer, Ernst 19, 22ff.
Kurzhanteln 43, **73ff.**, 89f.
Kurzhantelrudern 74
Kurzschlaf 103

L

L-Karnitin 146
Laktat (Milchsäure) 41, 119, 123, 142, 146
Langhantelübungen 43, **65ff.**
Langstreckenflüge 108
Langstreckenlauf 23f.
Langzug, frontaler 59
Latzug 51
Laufband 39f., 123
Laufen 9, 11, 25, 146
Leber 12, 135, 143f.
Liegestütz 28, 98
Low-Impact-Aerobic 25

M

Marx, Johannes 45
Massagen 132f., 151ff.
Maximalkrafttraining (MK-Training) 46
Mehr-Satz-Training 44f.
Mehrfachzucker 23, 136
Mesomorph 19, **20ff.**
Mikrotraumata 119, 121
Milchsäure → Laktat
Mineralien 136, **140**, 142, 156
Mischtypen 19, 22
Mitgliedsvertrag im Fitnessstudio 87f.
Mixtraining → Kombitraining
Motivationshilfen 16f.
Motorik 43
Multibank 89f.
Multifunktionscenter 90
Multipresse 53
Musik für Fitnesssportler 17
Muskel-Check-up 15
Muskelanzahl 8
Muskelerschöpfung 45, 123
Muskelfaserrisse 14, 119
Muskelkater 14f., 41, **119ff.**
Muskelkrampf **122**
Muskelmasse 8, 17
Muskeltonus 13, 133
Muskeltraining 9, 11
Muskelverkürzungen 15, 20, 41, 125

N

Nackendrücken 55, 68, 76

O

Obst 22, 136, 145, 151
Öle, ätherische 133

P

Persönlichkeitsentwicklung 20
Po, knackiger **165ff.**
Powertraining 64ff.
Problemzonen (Bauch, Beine, Po) 13
Proteine **138f.**, 144f., 147, 156
Psyche 9, 20, 22, 24, 123
Pullover (Übung) 52, 74
Pulsfrequenz 40
Pulsmesser 40
Pyramidenprogramm 46

R

Radfahren 9, 11, 13, 24, 40, 146
Reis 22, 136
Relaxationszeiten 46
Rotlicht 132
Rückenmuskulatur 8, 64
Rückenstrecker 15, 52
Rückentraining 13
Rudergerät (Rower) 39f., 123
Ruderlift 97
Rudern 20, 23, 40, 66
Ruderzug 51
– von oben 59
Ruhepuls 23
Rumpfbeuge 32
Rumpfmuskulatur 57

S

Sauerstoffversorgung 16
Schere 95
Schlaf 132
Schmerzempfindlichkeit, erhöhte 23
Schuhwerk 42
Schulterheben 69
Schulterrückführung 33
Schulterstreck 117
Schwimmen 9, 11, 25, 132, 146
Schwitzen/Schweiß 14
Scottcurl mit SZ-Stange 71
Sehnenscheidenentzündung **122**
Seilspringen 39
Seitheben 55, 60, 77
Seitlift 99
Selbstbewusstsein 11, 20
Sheldon, William H. 20, 22f.
Singlecurls 62
Sit and reach 32
Sitzen, richtiges 112
Sonnenbäder **154f.**
Spazierengehen 132
Spielsportarten 20
Sprungkraft testen **30f.**
Spurenelemente **141f.**
Squash 23
Staffellauf 22
Stepper 39f., 123, 167
Strecker- und Flexorentraining 72
Streckermaschine (Trizeps) 56
Stress, psychischer 45, 109f.
Stretching 15, 20, 22, 41, 111, **122ff.**, 132
Stretching-Workout **126ff.**

T

Tagesform 113
Tai Chi 22
Taillengürtel 42
Taucrunches 58
Taurin **147**
Teamgeist fördern 20
Tendinosen **122**
Tennis 20
Tennisball 112, 133
Testosteronspiegel 13
Thera-Band® 90, 97ff.
Trainerqualifikation 85
Trainingshandschuhe 42
Trainingspartner 46
Trainingspläne **81ff.**
Treppensteigen 39
Türpresse 98

U

Übergewicht 8, 15, 19f., 24, 39, 110, 147, 157f., 165
Überkopfzüge 61

V

Vergiftungen/Verletzungen 12
Verstauchungen (Distorsionen) **122f.**
Vertikalpresse 54
Vierfüßlerbeuge 95
Visualisierung 16
Vitamine 136f., **139ff.**, 145, 147, 156
Volleyball 20, 22
Vollkornprodukte 22, 136, 141, 150

W

Wadentrainer 50
Wadenwippe 65
Walking 23f., 39f.
Warm-up 39, 90
→ Aufwärmen
Weitsprung aus dem Stand **31**
Wellnessangebot 86f.
Widerstandstraining 43
Wirbelsäule 8, 111f.
Workout
– für Autofahrer **103ff.**
– für den Arbeitsplatz **113ff.**

Y

Yoga 24, 132

Z

Zellulite **150ff.**, 165
Zerrungen 14, 119, **121**
Zugturm 43, **57ff.**, 89f.

Know-how für Leib

Gesünder ernähren – bewusster genießen – besser leben: die erfolgreichen FIT FOR FUN-Experten zeigen Ihnen wie's geht. Und die große

Ob Sie durch Sport Ihre Figur verbessern oder etwas für Ihre Gesundheit tun wollen: Ermitteln Sie Ihre individuelle Leistungsfähigkeit; welche Sportarten für Sie ideal sind und wie Sie Ihren optimalen Trainingsplan erstellen.

Bestell-Nr.: 227 016 F
Format: 16 x 21 cm, DM 29,90

Dieses FIT FOR FUN-Buch entschlüsselt Erfolgsgeheimnisse und zeigt Ihnen die Spielregeln für den persönlichen Erfolg mit den Erfolgsfaktoren Fitness, Entspannung, mentale Stärke und Motivation. Mit vielen nützlichen Selbsttests.

Bestell-Nr.: 227 014 F
Format: 16 x 21 cm, DM 29,90

Wo Sie die besten Abenteuer der Welt finden. Expertentipps für Outdoor und Extremsport; die richtige Ausrüstung, alle wichtigen Kontaktadressen – dieses Buch ist der ultimative Ratgeber!

Bestell-Nr.: 227 009 F
Format: 16 x 21 cm, DM 29,90

Schritt für Schritt gesund und fit. Das umfassende Laufprogramm. Tricks & Tipps für Einsteiger und Profis. Dieser Bestseller wird inzwischen von Insidern als »die neue Bibel des Laufens« geschätzt.

Bestell-Nr.: 227 007 F
Format: 16 x 21 cm, DM 29,90

Mind Mapping: Hier finden Sie alles über die geniale Methode, Kreativität und geistige Effizienz zu steigern. FIT FOR FUN zeigt Tipps, Übungen und Regeln, wie Ihre Ideen Karriere machen.

Bestell-Nr.: 227 005 F
Format: 16 x 21 cm, DM 29,90

Körperlich und seelisch fit werden: Wohlfühlen ist eine Einstellungssache. Dieses FIT FOR FUN-Buch gibt Tipps zum Stressabbau, einem guten Lebensgefühl und einer positiven Einstellung.

Bestell-Nr.: 227 004 F
Format: 16 x 21 cm, DM 29,90

Jetzt bestellen: per Fon: 0781/639 69 97, per Fax: 0781/639 61 00,

Die Versandkosten betragen DM 7,50 (In- und Ausland).

FITFORSHOP

und Seele.

Ratgeber und Kochbücher von unseren
Nachfrage beweist – es funktioniert!

Fitness-Rezepte für eine dauerhafte Ernährungsumstellung: einfache und doch besondere FIT FOR FUN-Rezepte, die vor Vitaminen strotzen und ideale Alltagsnahrung für Aktive und Fitness-Bewusste sind.

Bestell-Nr.: 227 015 F
Format: 22 x 29 cm, DM 39,90

Köstliche Pasta – leicht gemacht! Mit vielen Rezepten, Ideen, umfangreicher Warenkunde und Getränketipps zu allen Gerichten. Und natürlich alles fett- und kalorienarm, vitaminreich und frischebetont.

Bestell-Nr.: 227 012 F
Format: 22 x 29 cm, DM 39,90

Best-seller!

Die prämierte FIT FOR FUN-Diät ist ein Konzept mit fettreduzierter Ernährung statt Kalorienzählen. Mit dem individuell zusammenstellbaren Rezeptprogramm kann man genussvoll essen und dauerhaft Pfunde verlieren.

Bestell-Nr.: 227 006 F
Format: 16 x 21 cm, DM 29,90

Mehr Energie = mehr Leistungsfähigkeit und Lebensfreude. In diesem Buch finden Sie hunderte von Fakten & Experten-Tipps: Wie Sie Ihren inneren Trafo aufladen, Energieräuber ausschalten – und wirklich mehr Power und Lebenslust gewinnen.

Bestell-Nr.: 227 017 F
Format: 16 x 21 cm, DM 29,90

Das Buch mit Geschmack: die besten Rezepte aus dem Hamburger FIT FOR FUN-Restaurant. Gesunder Hochgenuss für zu Hause, ganz einfach nachzukochen. Mit vielen Zusatztipps.

Bestell-Nr.: 227 003 F
Format: 22 x 29 cm, DM 39,90

Die Köstlichkeiten aus dem FIT FOR FUN-Restaurant direkt zu Ihnen auf den Tisch. Kreative Salate, Fingerfood oder der schnelle Lunch – und wie immer bei FIT FOR FUN ohne viel Fett, Sahne oder Zucker.

Bestell-Nr.: 227 008 F
Format: 22 x 29 cm, DM 39,90

per Mail: milchstr@burda.com oder online: www.fitforfun.de/shop

ab DM 150,– Warenwert versandkostenfrei.

FITFORFUN-TV
Sonntags 19.15 Uhr auf VOX
Das kleinste Fitness-Studio der Welt
Das Beste aus:
Fitness & Sport, Wellness & Gesundheit, Gesünder essen, Abenteuer & Reisen, Love & Soul, Fit im Job
fit FOR FUN
23-Seiten-Special mit Workout-Poster
Rettung für den Rücken
Kampf den geheimen Fett-Fallen
Abnehmen ohne Anstrengung!
Mit Extraheft 1200 Singles zum Verlieben
Leicht & locker in Super-Form
Die Fitness-Revolution
Abo-Hotline:
0781/639 69 97
FIT FOR FUN. Deutschlands großes Aktiv-Magazin.
Jeden Monat neu am Kiosk! Nur DM 6,–
Plus: Das große Extraheft FIT FOR FLIRT mit über 1.000 Singles.
Sind Sie fit im net? www.fitforfun.de